Mauss & a Educação

COLEÇÃO
PENSADORES & EDUCAÇÃO

Gilmar Rocha

Mauss & a Educação

autêntica

Copyright © 2011 Gilmar Rocha
Copyright © 2011 Autêntica Editora

COORDENAÇÃO DA COLEÇÃO PENSADORES & EDUCAÇÃO
Alfredo Veiga-Neto

CONSELHO EDITORIAL
Alfredo Veiga-Neto (UFRGS), *Carlos Ernesto Noguera* (Univ. Pedagógica Nacional de Colombia), *Edla Eggert* (UNISINOS), *Jorge Ramos do Ó* (Universidade de Lisboa), *Júlio Groppa Aquino* (USP), *Luís Henrique Sommer* (UNISINOS), *Margareth Rago* (UNICAMP), *Rosa Bueno Fischer* (UFRGS), *Sílvio D. Gallo* (UNICAMP)

EDITORAÇÃO ELETRÔNICA
Christiane Costa

REVISÃO
Maria do Rosário Alves Pereira

EDITORA RESPONSÁVEL
Rejane Dias

Revisado conforme o Novo Acordo Ortográfico.

Todos os direitos reservados pela Autêntica Editora. Nenhuma parte desta publicação poderá ser reproduzida, seja por meios mecânicos, eletrônicos, seja via cópia xerográfica, sem a autorização prévia da Editora.

AUTÊNTICA EDITORA LTDA.

Belo Horizonte
Rua Aimorés, 981, 8º andar .
Funcionários . 30140-071
Belo Horizonte . MG
Tel.: (55 31) 3222 6819

São Paulo
Av. Paulista, 2073 . Conjunto Nacional
Horsa I . 11º andar . Conj. 1101 .
Cerqueira César . 01311-940
São Paulo . SP
Tel.: (55 11) 3034 4468

Televendas: 0800 283 1322
www.autenticaeditora.com.br

Dados Internacionais de Catalogação na Publicação (CIP)
(Câmara Brasileira do Livro, SP, Brasil)

Rocha, Gilmar
    Mauss & a Educação / Gilmar Rocha . – Belo Horizonte: Autêntica Editora, 2011. (Coleção Pensadores & Educação)

    Bibliografia
    ISBN 978-85-7526-568-0

    1. Educação - Filosofia. 2. Mauss, Marcel, 1872-1950 3. Sociologia educacional I.Título. II. Série.

11-08765   CDD-370.1

Índices para catálogo sistemático:
1. Mauss : Filosofia : Educação 370.92

A Isabel e Sofia,
Ana, Tia Nelma & Bibi
que todos os dias me ensinam sobre
o significado do amor e da saudade.

Agradecimentos

Durante o tempo de uma vida, o que não é muito, somos agraciados com a presença de ideias, pessoas e coisas, às quais damos, recebemos e retribuímos aquilo que Marcel Mauss imortalizou como dádiva.

Agradeço ao Prof. Dr. José Reginaldo Santos Gonçalves que anos atrás me mostrou a importância do pensamento de Mauss para o que acredito ser o verdadeiro "ofício do etnólogo".

À Profa. Dra. Sandra de Fátima Pereira Tosta, que me concede a honra e a alegria de sua parceria em estudos e pesquisas em torno da Antropologia & Educação.

Ao Prof. Dr. Amauri Carlos Ferreira, cuja amizade é uma dádiva.

À Profa. Denise Pirani, pelo entusiasmo com que recebeu a ideia deste livro.

Aos alunos e colegas dos cursos de Ciências Sociais e dos programas de pós-graduação em Ciências da Religião e em Educação da PUC Minas, que comigo trocaram suas experiências, seus saberes e seus sentimentos ao longo dos anos de ensino-aprendizagem, de trabalho conjunto e convívio prazeroso.

Agradeço a acolhida carinhosa e parceira dos meus novos amigos do curso de Produção Cultural e do Departamento de Artes e Estudos Culturais, do Polo Universitário de Rio das Ostras, da Universidade Federal Fluminense.

Algumas ideias contidas neste livro nasceram destas trocas afetivas e simbólicas.

Rio das Ostras, junho de 2011

*Antes de tudo é preciso elaborar
um catálogo de categorias,
o maior possível, a partir
daquelas que, sabe-se, foram
utilizadas pelos homens.
Ver-se-á então que houve e que
ainda há muitas luas mortas,
ou pálidas, ou obscuras no
firmamento da razão.*

Marcel Mauss

Sumário

Prefácio (Sandra Pereira Tosta) 13

Introdução – Vida e obra de Mauss 17

Capítulo I – O espírito do tempo 27
O tempo de Prometeu 27
L'esprit du système 35
Antropologia *at home* 44

Capítulo II – Obra em aberto 51
O ofício do etnólogo 51
O paradigma da dádiva 59
O verbo e o gesto 68

Capítulo III – *Homo educandus* 79
Fato social total 79
O pensamento concreto 81
A instituição simbólica da realidade 86
A pedagogia dos objetos, o espírito das coisas 90
A genealogia do corpo 95
A reciprocidade educativa 99

Conclusão – A atualidade de Marcel Mauss 107

Fontes multimídia 113

Referências 123

Sobre o autor 127

Prefácio

Sandra Pereira Tosta

Ao receber os originais deste livro para fazer seu prefácio, o que por si só é um privilégio e uma enorme responsabilidade, não pude conter a emoção ao ler a primeira epígrafe. Foi exatamente com este pensamento de Marcel Mauss que concluí minha tese de doutorado em Antropologia Social na USP, para a qual realizei uma etnografia para estudar rituais religiosos (a missa e o culto) como mecanismos simbólicos de integração de operários vindos da zona rural ou do interior de Minas, na metrópole, com todos os seus encantos e desencantos.

E foi com Marcel Mauss e suas "muitas luas pálidas" que procurei conduzir meus estudos não só de campo, pois é o campo, para Mauss, a mais pura teoria. A grandeza deste autor constitui um "documento", expressão tomada dele mesmo, excepcional para se ler na realidade social, não apenas ritos, mas muito mais luas, consciente de que, como pesquisadores, muitas luas continuarão a brilhar longe de nossas vistas.

E nesta constelação, o Prof. Gilmar Rocha descobre ou enfrenta o empreendimento intelectual de articular Mauss à educação. E o faz com maestria, com elegância, sabedoria e simplicidade que transbordam na escrita, no estilo, no rigor e compromisso com o saber científico. Mas não alheio a outros tantos saberes, o autor nos convida a uma viagem fascinante pela trajetória deste francês que, indubitavelmente, é uma estrela de primeira grandeza no restrito universo dos grandes pensadores e pais fundadores da antropologia e da sociologia.

Trata-se de um filósofo completo, paradigmático de um tempo! É deste modo que o Prof. Gilmar Rocha nos brinda, apresentando Mauss neste belo livro. Um livro original e inovador em vários aspectos: o autor faz nos dois primeiros capítulos uma leitura sensível e fina do conjunto da obra de Marcel Mauss; tece um enredo complexo e completo, dialogando com estudiosos de várias linhagens, espaços e tempos históricos sobre o legado monumental do autor; propicia ao leitor um entendimento histórico irretocável da obra de Mauss e a impressionante atualidade de suas ideias, muito especialmente a categoria da dádiva e da etnografia. Dádiva como trocas econômicas, religiosas, políticas, de parentesco, dádiva no sentido mais estrito do "fenômeno social total", enquanto categoria central de entendimento do pensamento maussiano e da própria ciência antropológica.

Para além da dádiva, da etnografia, não posso deixar de destacar a importância, oxalá o ineditismo, da obra, tratando das interpretações do legado de Mauss para a educação que este livro nos propicia. Fala de uma educação não restrita aos processos de escolarização apenas, mas da educação no sentido estrito do termo, ou seja, como um "fenômeno social total".

O Prof. Gilmar Rocha constrói um diálogo impecável entre Mauss e a educação. Uma conversa oportuna, entrecruzando vozes de outros grandes educadores nossos conhecidos e inspiradores na tarefa cotidiana do educar, como Makarenko, Vygotsky e Paulo Freire. Um livro que chega em muito boa hora para todos nós, antropólogos, professores, pesquisadores, educadores em geral que se ocupam e se preocupam com a educação compreendida como uma dimensão formativa do sujeito em sua inteireza.

E uma primeira indagação, dentre as muitas que o livro nos propicia, pode ser colocada nos seguintes termos: é possível falar de educação e de escola sem, ao mesmo tempo, falar de cultura? Ou de culturas na formação de crianças, adolescentes, jovens ou adultos? Certamente que não, se tomarmos a educação como fato da e na cultura, enredada em relações de troca, de reciprocidade.

Não por acaso, o Prof. Gilmar nos diz:

> Pode-se pensar, então, na educação como fenômeno social total. Significa isso que devemos estar atentos, primeiro, para o fato de que o observador é da mesma natureza que o seu objeto; segundo, a educação se faz no cotidiano e tem implicações política, econômica, moral, estética, etc.; terceiro, está inextricavelmente ligada ao sistema da dádiva, afinal, as ações de dar, receber e retribuir se fazem mais presentes do que nunca na educação e nos sistemas de ensino.

Desse modo abrangente, o autor nos convida a compreender Marcel Mauss na educação, pela questão corporal, por exemplo, que este etnólogo tratou com uma delicadeza e acuidade excepcionais – noções apresentadas de maneira sofisticada pelo antropólogo Lévi-Strauss que, em certa medida, lhe sucederia na Escola Sociológica Francesa. Questão que, na verdade, nos diz de um filósofo que antecipou em décadas a total centralidade e visibilidade do "corpo" como território de socialização e de marcação identitária na sociedade contemporânea.

Contudo, não só com o corpo o autor nos remete a pensar sobre Mauss na educação, mas também reflete sobre a pedagogia como instituinte material e simbólico da realidade; e, de modo instigante, nos encaminha para compreender o mundo da educação, nas relações tecidas na escola como dádiva: "Não à toa, comumente os professores referem-se a sua atividade como 'dar aula'; e recebem dos alunos o reconhecimento ou a gratidão por ter contribuído para sua formação e caráter", afirma Rocha.

Com efeito, pensar a educação nos termos propostos neste livro nos convoca, sem dúvida, a reangular e sensibilizar nosso olhar para a instituição escolar, as políticas públicas, os currículos, as relações que conformam o clima escolar, os sistemas de avaliação, enfim, para a concretude da educação formal e não formal e que nem sempre é considerada – para não dizer quase sempre é desconsiderada – como fenômeno na história e na cultura. Esse fato sugere um processo não de descoberta, mas de invenção e reinvenção do ser humano, da "pessoa" em qualquer sociedade, em qualquer tempo e lugar.

Mauss & a educação torna-se, dessa maneira, uma leitura imprescindível não aos professores, pesquisadores e alunos dos cursos de licenciatura apenas, mas a todos de todas as graduações e pós-graduações na área de Ciências Humanas e Sociais. É que ele nos desvela, entre outros aspectos, que ainda há "muitas luas pálidas ou mortas ou obscuras no firmamento da razão"!

INTRODUÇÃO

VIDA E OBRA DE MAUSS

Aqui não há mais do que uma roda
(girando de um só lado)

Marcel Mauss

Marcel Mauss nasceu em Epinal, em 1872, e morreu em 1950, em Paris. Sobrinho de Émile Durkheim (1858-1917), herdou a difícil "missão" de consolidar o campo da sociologia e ao mesmo tempo "projetar" o campo da antropologia francesa. "Missão" e "projeto" que seriam profundamente marcados pela experiência trágica da Primeira Guerra Mundial ao dizimar grande parte do grupo de intelectuais colaboradores dos *Années Sociologique* (revista criada em 1898), o que lhe exigiu enorme esforço em dar continuidade ao trabalho de divulgação e formação da ciência sociológica e antropológica a partir dos anos 1920.

Ao término do curso de Filosofia, realizado em Bourdeaux, Mauss se muda para Paris tornando-se professor de História das Religiões dos Povos não Civilizados a partir de 1901, na École Pratique des Hautes Études. Juntamente com Paul Rivet (1876-1958) e Lucién Levy-Bruhl (1857-1939) fundou o Institut d'Ethnologie, da Universidade de Paris em 1925; ainda com o primeiro, criou em 1938 o Musée de L'Homme. Em 1931, foi eleito para a cátedra de Sociologia no prestigiado Collège de France, ocupada por ele até 1940, quando então se viu obrigado a aposentar-se em razão da invasão nazista na França e consequente perseguição e extermínio dos judeus. A perda dos amigos e as privações materiais lhe corroeram o corpo e a alma. Apesar de seu nome e prestígio junto a muitos de seus amigos e alunos, ao final da vida Mauss estava triste, isolado e muito doente. Novamente a guerra, agora, a Segunda Guerra, também lhe feriu de morte a alma. Morreu como viveu, tomando emprestada a expressão de Caillé (2002), como se fosse "um ilustre desconhecido".[1]

Autor de inúmeras resenhas, artigos e ensaios dispersos, não tendo nunca escrito um livro completo, ainda assim se pode reconhecer em Mauss a produção de uma fecunda, ampla e complexa "obra" que, mesmo inacabada e inconclusa, se mostra significativamente rica e criativa em sugestões. Trata-se de uma "obra" que não se pode fragmentar sob pena de incorrer em grave e profunda mutilação teórica e metodológica. Apesar da aparente dispersão que caracteriza à primeira vista seus escritos, Mauss era portador de um *esprit de système*, embora fosse avesso à camisa de força da sistematização.[2] Nestes termos, sua "obra" deve ser vista como uma "totalidade" relativamente coerente e integrada. É praticamente impossível analisar seja a sua etnologia religiosa sejam os estudos sobre o campo da sociologia sem compreender a "totalidade" (entendida como sistema) inscrita em sua obra. Lição aprendida com o sistema de prestações totais no qual tudo se mistura, a economia e a moral, o direito e a religião, a etnografia e a política, o fazer e o escrever, as teorias do sacrifício e da nação, da magia e das técnicas corporais, das expressões obrigatórias do sentimento e da dádiva, enfim, a vida e a obra formam um círculo, sugere o verso do Mahabharata em epígrafe.[3]

---

[1] O relativo esquecimento ao qual Mauss foi submetido parece proporcional ao fato de muitos de seus discípulos terem se tornado mais famosos do que ele. Ver Grossi, Motta e Cavignac (2006).

[2] Mauss (1998) reconhecia a fragmentação de sua produção intelectual e era avesso à ideia de produzir grandes sistemas teóricos, contudo, isso não o impediu de reconhecer a vinculação entre os temas e objetos estudados por ele e nem de se envolver em inúmeras parcerias acadêmicas.

[3] Sobre a vida e obra de Mauss, ver Karady (1968); Fournier (1993; 2003).

Alguns dos mais conhecidos e importantes textos de sua vasta "obra" são: *Ensaio sobre a natureza e função do sacrifício*, de 1899, escrito em parceria com Henri Hubert (1872-1927); *Algumas formas primitivas de classificação*, de 1903, em parceria com o tio Émile Durkheim; *Esboço de uma teoria geral da magia*, de 1903, produção conjunta com H. Hubert; *Ensaio sobre as variações sazoneiras das sociedades esquimó*, de 1905, em parceria com H. Beuchat (1878-1914); *A prece*, de 1909, tese de doutoramento inacabada; *A nação*, de 1920; *A expressão obrigatória dos sentimentos*, de 1921; *Ensaio sobre a dádiva – forma e razão das trocas nas sociedades arcaicas*, de 1924/1925; *As técnicas corporais*, de 1936; *Uma categoria do espírito humano – a noção de pessoa, a noção de "eu"*, de 1938; *Manual de etnografia*, de 1947, organizado por sua ex-aluna Denise Paulme (1909-1998) a partir das suas "instruções de etnografia descritiva".

Mauss exerceu grande influência na formação de alguns dos mais destacados antropólogos modernos como, por exemplo, Germaine Dieterlen (1903-1999), Louis Dumont (1911-1998), Marcel Griaule (1898-1956), Michel Leiris (1901-1990), Alfred Metraux (1902-1963), Leroi-Gourhan (1911-1986), Roger Bastide (1898-1974), entre outros; influenciou muitos outros como Raymond Firth (1901-2002), Evans-Pritchard (1902-1973), Melville Herskovits (1895-1963), Robert Redfield (1897-1958); e seu espólio seria ainda reivindicado por outros mais. Marcel Mauss pode ser visto como um "gênio", no sentido sociológico de Elias (1995), na medida em que sua performance intelectual dramatiza as tensões e/ou ambiguidades inscritas no próprio sistema social de sua época.

A biografia de Mauss parece inextricavelmente vinculada aos temas e problemas de seus estudos: dádiva, religião, sacrifício, técnicas corporais, noção de "eu". Marcel Fournier (1993; 2003) destaca o quanto a biografia de Mauss expressa o seu momento histórico (os tempos de guerra, a crítica às ideologias individualistas e ao economicismo utilitarista), suas preocupações acadêmico-pedagógicas (a valorização da pesquisa etnológica, a definição do campo da sociologia e da antropologia), sua militância política (a favor do socialismo e a crítica ao bolchevismo), seu sacrifício e "dom" (a própria carreira profissional relegada a favor dos "outros"), enfim, tudo isso coloca Mauss numa posição privilegiada e, ao mesmo tempo, "liminar" no cenário da sociologia e da antropologia francesa de seu tempo.[4]

A verdade é que, observa James Clifford, Mauss é plural e sua voz e ideias têm um alcance amplo e profundo porque falam do homem comum. Daí sua antropologia ser batizada de "antropologia do concreto", pois que nos revela o mundo fenomenológico da experiência social cotidiana dos homens, e acrescenta:

> Alguns lembram de Mauss como um leal durkheimiano. Outros o vêem como um precursor do estruturalismo. Alguns o vêem principalmente como um antropólogo, outros, como um historiador. Outros, ainda, citando suas raízes rabínicas, seu treinamento em sânscrito e seu eterno interesse em ritual, o alinham com os estudiosos da religião, tais como seus amigos Marcel Granet, Hubert e Leenhardt. Uns enfatizam a iconoclastia de Mauss, outros, sua coerente visão socialista-humanista. Alguns o vêem como um brilhante teórico de gabinete. Outros lembram do agudo observador empírico. As diferentes versões sobre Mauss não são irreconhecíveis, mas não se somam. *As pessoas que o lêem e que dele se recordam sempre parecem achar nele alguma coisa delas mesmas...* (1998, p. 142, grifo meu).

Transitando em meio à sociologia e à antropologia, à ciência e à religião, à economia e à moral, à política e à etnografia, à história e à psicologia, ao sagrado e ao profano,

---

[4] Para Fournier, pode-se pensar na biografia de Mauss como uma espécie de "biografia total", isso porque "Marcel Mauss abrange o que poderíamos denominar uma biografia coletiva, pois inclui tanto uma apresentação dos membros da equipe de *L'Année Sociologique*, como um estudo das instituições de ensino superior a Escola Prática de Estudos Superiores, o Collège de France, e ainda uma análise do desenvolvimento de disciplinas científicas (história das religiões, antropologia, sociologia)" (2003, p. 6).

ao socialismo e ao individualismo, enfim, entre Durkheim e Lévi-Strauss, Mauss optou pelo simbólico, pelas trocas, e fez da circulação de bens culturais (materiais e imateriais) um tema privilegiado em sua etnologia. Ao mesmo tempo sábio e militante socialista, boêmio e cidadão, Mauss é um pensador "inclassificável". Essa condição parece marcar sua produção intelectual e estilo de vida, permitindo-lhe certa liberdade de expressão e ousadia de pensamento. Embora fosse reconhecido por muitos como "gênio", espécie de "guru", "humanista que sabia tudo", a sua principal contribuição para o desenvolvimento do campo antropológico não foi somente o ensino, mas principalmente a pesquisa, o que lhe garantiu, portanto, relativa autonomia e liberdade de pensamento contribuindo assim para o avanço teórico e metodológico de temas e problemas discutidos pela ciência de sua época.

Marcel Mauss é um homem de seu tempo. Não fazia muito tempo que Karl Marx (1818-1883) havia sentenciado que na modernidade "tudo o que é sólido desmancha-se no ar". Era tempo de grandes mudanças, descobertas e criações e, talvez por isso mesmo, tempo de incertezas, promessas e crises. Apesar de, aparentemente, Mauss caminhar em direção oposta à modernidade com seus estudos sobre a "forma e a razão das trocas nas sociedades arcaicas" e de seu manifesto interesse por rituais e por temas relacionados à religião e à tradição, ele incorporou o "espírito de sua época" (*zeitgeist*). Lévi-Strauss (1974) praticamente abre sua famosa *Introdução à obra de Marcel Mauss* com a seguinte declaração: "somos inicialmente surpreendidos por aquilo que gostaríamos de chamar de o *modernismo* do pensamento de Mauss" (p. 2). A atualidade e a influência do pensamento de Mauss podem ser sentidas ainda hoje, embora o alcance de muitas de suas ideias tenha sido mais limitado em sua época.[5] Mas, como

---

[5] Isso graças, inclusive, ao próprio Lévi-Strauss (1908-2009) que, segundo Sigaud (1999), irá "canonizar" Mauss ao mesmo tempo que se posiciona como seu legítimo herdeiro e sucessor sem, contudo, deixar de ser também seu "algoz".

destaca ainda o próprio Lévi-Strauss, "poucos pensamentos permaneceram tão esotéricos e, ao mesmo tempo, exerceram tão profunda influência quanto os de Marcel Mauss" (p. 1). Neste caso, é suficiente lembrar a criação na França, no início dos anos 1980, do M.A.U.S.S. (*Mouvement Anti-Utilitariste dans les Sciences Sociales*), cujo título é uma clara referência e reverência a Mauss, e que tem na "dádiva" seu paradigma epistemológico e fonte de inspiração crítica ao liberalismo econômico e político das sociedades globalizadas do mundo contemporâneo.

Pode-se aplicar a Mauss o argumento de Lévi-Strauss (2004) a favor de si mesmo, segundo o qual "o estudioso não é o homem que fornece as verdadeiras respostas; é aquele que faz as verdadeiras perguntas" (p. 26). De fato, Mauss, mais do que fornecer respostas, lançou perguntas, mostrou novos caminhos, fez história, não a "história das religiões dos povos não civilizados", mas a história da antropologia moderna francesa. Ao menos, lhe forneceu as bases para tal. Marcel Mauss era um homem incomum e genial. Henri Lévy-Bruhl, em "*In memoriam*", declara:

> Sua erudição era prodigiosa. Grande leitor (reunia uma magnífica biblioteca), tinha excelente memória e espantosa curiosidade de espírito. Além da etnologia e da ciência das religiões, matérias que dominava a fundo, tinha bons conhecimentos nas áreas de filosofia, psicologia, direito, economia política, literatura mundial e ciências exatas. Também sabia, além do inglês e alemão, russo, sânscrito, céltico e várias línguas faladas na Oceania. Era difícil surpreender-lhe algum erro e em geral maravilhava os especialistas pela justeza e originalidade de suas observações. Foi um dos últimos cérebros enciclopédicos (2003, p. 528).

Isso tudo, talvez, só tenha sido possível porque Mauss era um homem portador de *mana*, categoria que ajudou a imortalizar na literatura antropológica moderna, cujo significado ele mesmo nos fornece:

O *mana* não é simplesmente uma força, um ser; é também uma ação, uma qualidade e um estado. Em outros termos, a palavra é ao mesmo tempo um substantivo, um adjetivo e um verbo. Diz-se que um objeto tem *mana* para dizer que tem essa qualidade; neste caso, a palavra é uma espécie de adjetivo (que não pode ser aplicado a um homem). Diz-se que um ser, espírito, homem, pedra ou rio tem *mana* – o "*mana* de fazer isto ou aquilo". Emprega-se a palavra *mana* nas diversas formas das diversas conjugações e então ela pode significar "ter *mana*", "dar *mana*", etc. Em resumo, essa palavra subentende uma massa de idéias que designaríamos pelas expressões: poder do feiticeiro, qualidade mágica de uma coisa, coisa mágica, ser mágico, posse do poder mágico, ser encantado, agir magicamente... (1974a, p. 138).

Como no sistema da magia, cujas leis de funcionamento foram propostas por *Sir* James George Frazer (1854-1941), Mauss exerce um profundo efeito simpático e, por extensão, contagioso no campo da antropologia. No Prefácio do *Manual de etnografia*, Denise Paulme declara: "saía-se dos seus cursos deslumbrado, um pouco titubeante" (1993, p. 16). A "magia de Mauss" não se restringe à sedução sobre seus alunos,[6] também do ponto de vista de sua escrita ela pode ser percebida na medida em que, retomando argumento desenvolvido anteriormente, "a escrita de Mauss não só fala da magia, mas põe em prática um sistema mágico ao '*fazer*' sociologia e antropologia" (ROCHA, 2006a, p. 111). Isso confere à sua escrita uma dimensão performativa. A propósito, Mauss parece antecipar em muitos aspectos a proposta de uma antropologia da performance. De resto, evocando uma vez mais Denise Paulme, pode-se dizer que "Mauss foi, sem dúvida, o último etnólogo completo" (1993, p. 15).

---

[6] Ver documentário *Mauss segundo suas alunas*, realizado por Carmen Rial e Miriam Grossi pelo Núcleo de Antropologia Audiovisual e Estudos da Imagem do Programa de Pós-Graduação em Antropologia Social da Universidade Federal de Santa Catarina, 2002.

Este livro é uma introdução ao pensamento etnológico de Marcel Mauss.[7] Especificamente, apresenta suas principais contribuições teórico-metodológicas e empíricas nas ciências sociais e humanas com o objetivo de iluminar o campo de estudos da educação. Mauss não desenvolveu estudos específicos sobre a educação, como o fez Durkheim, mas sua obra é recheada de sugestões, ideias e problemas que permeiam o fenômeno da educação. Assim, a ênfase nos ritos, nas categorias de pensamento, na expressão obrigatória dos sentimentos, nas técnicas corporais, nos sistemas de trocas simbólicas, sustentada pela teoria do fato social total em sintonia com sua perspectiva da antropologia do concreto e pela análise comparativa, colocam a etnologia de Mauss no centro do campo de estudos da educação.

No primeiro capítulo, "O espírito do tempo", apresenta-se o contexto histórico-cultural no qual se desenvolve a etnologia de Mauss com destaque para alguns dos principais problemas e temas relacionados ao processo de institucionalização das ciências sociais e humanas na modernidade. Em meio às ideias que cercam a ciência e a religião, bem como a educação, a etnografia e a arte, situa-se a antropologia de Mauss.

Em "Obra em aberto", é a perspectiva antropológica de Mauss no sentido estrito do termo que ganha atenção. Destaca-se a sua contribuição teórica e metodológica para o campo de estudos das ciências sociais e humanas, bem como sua interpretação paradigmática sobre o sistema de prestações totais, a dádiva. Na sequência, o fenômeno da magia recebe atenção especial, permitindo que se passe da perspectiva holista da sociedade para uma abordagem da ação simbólica e da performance que nos leva em direção ao corpo.

O "Homo educandus" tem como objetivo apresentar a contribuição de Mauss para o campo da educação. O ponto

---

[7] Aproveito para agradecer à Pontifícia Universidade Católica de Minas Gerais o apoio financeiro parcial para o desenvolvimento do projeto "Entre o sagrado e o profano: a etnologia religiosa de Marcel Mauss" (2009), ponto de partida deste livro.

de partida é pensar o processo de constituição simbólica da sociedade e sua importância para o campo de estudos do patrimônio cultural e educacional. As técnicas corporais e a concepção do homem total mostram-se centrais no processo de transmissão da cultura e da educação. De resto, Mauss se revela uma importante fonte de inspiração e de reflexão ainda hoje.

Mas este estudo não tem a pretensão de ser uma análise conclusiva da obra de Mauss, antes o contrário, muitas são as ideias e os textos não contemplados nesse momento. O espírito que o move é o de apresentar certo número de "categorias" que estruturam o pensamento antropológico e sociológico de Mauss, bem como sugerir novas possibilidades de investigação a serem desenvolvidas pelo leitor.

| | Capítulo I |

O espírito do tempo

*A sociologia e a etnologia descritiva
exigem que se seja, ao mesmo tempo,
cartógrafo, historiador, estatístico... e
também romancista capaz de evocar a
vida de toda uma sociedade.*

Marcel Mauss

O tempo de Prometeu

Curiosamente, a estória de *Frankenstein* pode ser uma boa maneira de se apresentar o contexto histórico-cultural de fins do século 19 e primeira metade do século 20, pois as discussões em torno do homem quanto a sua origem "animal" ou "divina" disputavam um lugar ao sol no imaginário científico e religioso da época. Mas isso não é tudo; também as relações entre a arte e a etnografia, a nação e a educação, entre outras, estavam em evidência no processo de constituição da moderna sociedade francesa de então, como será visto ao longo deste capítulo.

Não é possível explorar, nesse momento, todas as questões que o romance suscita acerca da religião e da ciência, entre a arte e a política, a cultura e a sociedade, temas de interesse da sociologia e da antropologia nascente. Mais do que uma estória de terror, *Frankenstein* é uma narrativa sobre deuses e monstros em meio aos quais se encontra o problema da identidade humana à luz do "mito da criação".

Em 1818, nascia *Frankenstein ou o moderno Prometeu*, um clássico da literatura romântica cuja representação extrapola o imaginário do século 19 para ressoar na mitologia grega e na ficção científica contemporânea.[8] Tudo teria começado numa noite de verão quando Lord Byron (1788-1824), em companhia do casal Shelley, do poeta Percy Bysshe Shelley (1792-1822) e Mary Shelley (1797-1851) e de outros amigos, propôs um concurso para ver quem escreveria a melhor estória de terror. Coube a Mary Shelley a tarefa única de levar até o fim a aposta. *Frankenstein ou o moderno Prometeu* é a estória de um cientista que, brincando de Deus, recria a vida em laboratório a partir da matéria morta com o uso da eletricidade. Contudo, contrariando a mística da imagem e semelhança de Deus, o "monstro" se assemelha à imagem do seu criador: o homem. É o que nos sugere esse "drama social", no sentido antropológico de Turner (2008). Afinal, o "monstro" fere um dos princípios básicos da civilização cristã, e por isso mesmo permanece monstro, incapaz de elevar-se à condição humana: fruto de uma experiência científica, não sendo filho legítimo de Deus, o "monstro" é uma criatura sem alma?

No mito de Prometeu, é o titã quem se sacrifica pela humanidade, em *Frankenstein*, o sacrifício do "monstro" representa um ato divino, na medida em que através da sua morte reconquista a humanidade (perdida), lembrando aos homens sua imperfeição e tragédia, ou seja, sua condição humana.[9]

Paradigmaticamente, *Frankenstein* aponta para um conjunto de ideias e valores que revelam as contradições de uma ordem social confiante nas ideias da ciência e da evolução. A

---

[8] *Frankenstein* pode ser visto como um "mito de referência", segundo a fórmula de Lévi-Strauss (2004). Além da referência ao mito grego Prometeu, deus que rouba o fogo de Zeus possibilitando a criação da humanidade, Frankenstein divide com *Drácula*, de Bram Stoker, *Dr. Jekyll and Mr. Hyde*, de Robert Louis Stvenson, *A Ilha do Dr. Moreau*, de H. G. Wells, entre outros "monstros", o imaginário literário romântico do século 19; e se projeta na ficção futurista de *Blade Runner, o caçador de androides* (1982), filme de Ridley Scott.

[9] Não deixa de ser significativo o fato de Mauss ter se dedicado a compreender o fenômeno do sacrifício, mas é René Girard (1990) quem, nesse momento, nos lembra que a "catarse sacrificial", tal como ritualizada por Frankenstein e seu "duplo" ao final da estória, visa evitar a propagação da violência por todo o sistema social.

ficção de *Frankenstein* remete ao mito da criação; metaforicamente, pode ser visto como espécie de "elo perdido" entre a ciência e a religião. Mas, o que de fato *Frankenstein* relativiza é o processo de purificação imaginado pela ciência moderna, denunciado por Bruno Latour no magnífico *Jamais fomos modernos* (1994). O mundo moderno pretende a criação de um mundo (ideal) onde nada se mistura, onde o híbrido é intolerável e o mestiço é, pejorativamente, estigmatizado, sendo o "puro" considerado símbolo da ordem e da razão. De certa forma, *Frankenstein* contraria esse "admirável mundo novo" imaginado por alguns progressistas de plantão, posto o fato de que é um exemplo (mal)acabado da *bricolage*.[10]

Por essa época, o filósofo alemão Friedrich Nietzsche (1844-1900) anuncia a "morte de Deus". Contudo, isso não impediu o desenvolvimento de propostas de uma "nova religião" para a humanidade que se confundia com a ciência. Entre os inúmeros esforços na união da ciência com a religião em curso podem-se destacar o "espiritismo" de Allan Kardec (Hippolyte Leon Denizard Rivail, 1804-1869) e/ou a "teologia evolucionista" de Teillard de Chardin (1881-1955). Contudo, atenção especial deve ser dada à "teosofia" de Auguste Comte (1798-1857) projetada no *Catecismo positivista*, de 1852, e que terá profunda influência na cultura brasileira. Baseada na filosofia ou ciência positivista, a nova religião a ser conduzida pelos sociocratas, declara o "pai do positivismo":

> Não existe, no fundo, senão uma única religião, ao mesmo tempo universal e definitiva, para a qual tenderam cada vez mais as sínteses parciais e provisórias, tanto quanto o comportavam as respectivas situações. A esses diversos esforços empíricos sucede agora desenvolvimento sistemático da unidade humana, cuja constituição direta e completa tornou-se, enfim, possível graças ao conjunto de

---

[10] Romances como *Admirável mundo novo*, de Aldoux Huley, publicado em 1932, e *1984*, de George Orwell, escrito em 1948, são ilustrativos do imaginário futurista e totalitarista, pouco tolerante com a diferença.

nossas preparações espontâneas. *É assim que o positivismo dissipa naturalmente o antagonismo mútuo das diferentes religiões anteriores, formando seu domínio próprio do fundo comum a que todas se reportaram de modo instintivo.* A sua doutrina não poderia tornar-se universal se, apesar de seus princípios antiteológicos, o seu espírito relativo não lhe ministrasse necessariamente afinidades essenciais com cada crença capaz de dirigir passageiramente uma porção qualquer da humanidade (1978, p. 140, grifo meu).

Após apaixonar-se pela escritora Clotilde de Vaux (1815-1846), Comte reorienta sua filosofia positiva para a construção de uma nova "religião da humanidade", aparentemente uma contradição, já que as especulações teológico-metafísicas correspondem às fases inferiores do desenvolvimento do espírito humano e se apoiam em mitos e religiões para explicar os fenômenos naturais e sociais. Mas Comte via a filosofia positiva como consequência natural da evolução humana e depositava na ciência, em geral, e na física social (sociologia), em particular, a missão de controlar a história e, por conseguinte, o destino da sociedade.[11] Assim, no projeto de Comte, a humanidade toma o lugar de Deus e ao cientista social (sociocrata), espécie de novo "sacerdote", caberia a função moral de conduzi-la, ordenada e progressivamente, rumo a um futuro melhor, perspectiva que seria sintetizada por ele na famosa "fórmula sagrada do positivismo", parcialmente inscrita na bandeira brasileira: "O Amor por princípio, a Ordem por base, e o Progresso por fim" (1978, p. 146). Assim, sem abandonar o amor e a afetividade, na medida em que representavam antídotos aos excessos do

---

[11] O positivismo, filosofia científica desenvolvida a partir da segunda metade do século 19, encarna tudo aquilo que a ciência representa na sociedade moderna, isto é, a crença em um estágio superior da civilização ocidental, capacidade de desenvolver leis explicativas do funcionamento e regulação dos fenômenos naturais e sociais e possibilidade de produzir indefinidamente o progresso e o bem-estar da humanidade. No extremo, o positivismo deposita enorme esperança nos processos de quantificação como prova de demonstração da verdade; uma verdade objetivada nos dados. Como parte do imaginário evolucionista, o positivismo se dirige para o futuro.

racionalismo cientificista, Comte via no desenvolvimento da ciência positiva e na religião da humanidade o resultado do desenvolvimento natural do espírito humano.[12]

Nesta perspectiva, a "física social", ou melhor, a sociologia deveria abandonar as especulações teológico-metafísicas e se ater à descoberta das "leis naturais invariáveis" que regem os fenômenos sociais. Significa dizer que, para Comte, a sociologia era o resultado do desenvolvimento do espírito humano e, como tal, uma "ciência natural". Na verdade, uma ciência que reclama o espírito prático na medida em que ao abandonar as especulações teológico-metafísicas deveria, então, voltar-se à aplicação de políticas públicas no controle e organização da sociedade. O impacto dessas ideias pode ser observado tanto no processo de construção do Estado nacional francês quanto no caso brasileiro a partir da Proclamação da República e do lugar de destaque dado aos intelectuais nesse processo.[13]

Ao longo do século 20, acreditou-se que o homem, de posse da ciência e da tecnologia, pudesse tornar-se, definitivamente, senhor de seu destino. Octávio Ianni observa que

> [...] desde o século XVIII, e em forma acentuada e generalizada no XIX os progressos da ciência pareciam reduzir os espaços da tradição, superstição, religião. Iniciava-se um amplo processo de afirmação do presente, rompimentos com o passado. A razão parecia vencer e apagar a fé. Os homens ficam órfãos de Deus. São obrigados a assumir o próprio destino (1989, p. 20).

---

[12] A crença de que os sentimentos funcionam como fontes de equilíbrio foi partilhada por vários outros intelectuais de renome à época, tais como Lucién Lévy-Bruhl.

[13] No Brasil, vale lembrar a importância dos médicos, militares, engenheiros e pedagogos na condução da sociedade e na formação da cultura brasileira; ver Carvalho (1995). Cada vez mais o intelectual moderno tornava-se um novo tipo de profissional vital na construção da sociedade moderna. Mesmo contrariando o espírito conservador de Comte, não é demais lembrar que Karl Marx conclamava na 11ª Tese sobre Feuerbach que "os filósofos se limitaram a *interpretar* o mundo diferentemente, cabe [agora] *transformá-lo*" (1978, p. 53; grifo do autor).

A prova incontestável dessa crença foi dada pela Revolução Industrial; e a sua melhor demonstração seriam as Exposições Universais, que passaram a ser realizadas desde o início da segunda metade do século 19. Tratava-se, como se imaginou à época, de um espetáculo de glorificação da indústria e de apologia do trabalho enquanto expressões cabais do triunfo do progresso e do ideal civilizatório.

Mas não demoraria muito para que as promessas do progresso, do bem-estar social, do triunfo da civilização conduzido pela ciência e pelos industriais começassem a dar sinais de crise. O movimento dos trabalhadores, as internacionais comunistas, a Comuna de Paris de 1871, enfim, os ventos revolucionários guiados pela onda crescente de pobreza, doenças, crimes, prostituição, alcoolismo, exploração do trabalho infantil invadem as ruas das principais cidades do mundo e a imaginação dos romancistas Charles Dickens e Emile Zola, entre outros.[14]

Não à toa, Émile Durkheim começou a sua carreira paradigmática de "fundador da sociologia" estudando *A divisão do trabalho social* em 1893, e descobriu nesse processo a causa crescente da desorganização social cujo extremo provoca a anomia da sociedade. O agravamento da crise social levou-o, posteriormente, a estudar *O suicídio* em 1897, um dos principais índices do mal-estar da civilização. *As formas elementares da vida religiosa*, publicada em 1912, representa no conjunto da obra de Durkheim fato da maior relevância, pois atesta o reconhecimento da religião pelo sociólogo como sendo, sem dúvida alguma, o principal mecanismo de integração social e fundamentação moral para o bem-estar da sociedade.[15]

---

[14] Os escritos de Marx e Engels são, inegavelmente, imprescindíveis para o conhecimento da sociedade capitalista e suas mazelas sociais, contudo, vale a pena ver: Bresciani (2004).

[15] O espírito conservador de Durkheim levou-o a pensar no socialismo como uma reforma moral da sociedade; movimento claramente contrário ao das lutas de classe preconizado por Marx. Por sua vez, sabe-se ter sido Durkheim bastante influenciado pela Carta Encíclica do Papa Leão XIII, *Rerum Novarum*, sobre a condição dos operários, publicada em 1891. Não se pode perder de

Na outra ponta das interpretações sociológicas da sociedade moderna, além de Marx com sua defesa do proletariado enquanto agente na transformação social em direção ao comunismo, encontra-se Max Weber (1864-1920), o sociólogo que viu na racionalização crescente da modernidade a causa do "desencantamento do mundo". A religião não passou despercebida a Marx, que viu nela o "ópio do povo", mas será Weber quem melhor compreendeu o papel da religião em *A ética protestante e o espírito do capitalismo*, de 1905, na constituição racional da sociedade moderna.

O que toda essa história nos revela é que, embora a ciência tenha dominado e contribuído com façanhas maravilhosas para o desenvolvimento material do mundo moderno, tal processo foi acompanhado de uma crescente e profunda crise social que gerou a consciência trágica de um mundo em descontrole quando da explosão da Primeira Guerra Mundial. Afinal, de que servia toda ciência, racionalidade, progresso, se o homem se revelava incapaz de evitar e/ou mesmo impedir a destruição em massa em proporções mundiais? Com a Primeira Guerra voltava-se à barbárie, pensavam alguns intelectuais dentre os quais Marcel Mauss, embora outros fizessem a sua apologia.[16]

Após a morte de Durkheim em 1917, coube a Marcel Mauss a responsabilidade em dar continuidade ao processo de consolidação dos *Année Sociologique*, criado pelo tio em 1898. É inquestionável a importância de Mauss nesse processo.[17] A influência de Mauss se faria sentir ainda em outros campos científicos como, por exemplo, a História. Os anos 1920 tornaram pública a proposta de uma nova abordagem histórica:

---

vista ainda o fato de Durkheim (2008) também depositar na pedagogia a expectativa de organização moral da sociedade.

[16] Os futuristas italianos, particularmente, Marinetti, defendem a guerra como fenômeno saudável. Todo esse cenário de decadência e tensões da modernidade pode ser observado em um dos romances mais importantes do século 20, *O homem sem qualidades*, de Robert Musil (1989).

[17] François Dosse (1992) nos apresenta um diagrama das relações e especializações da época no qual fica evidente a centralidade de Mauss na constituição do campo científico da sociologia e da antropologia no início do século 20.

a *Escola dos Annales* – movimento historiográfico encabeçado por Lucien Febvre (1878-1956) e Marc Bloch (1886-1944) cuja importância epistemológica reside no fato de ultrapassar a "história positivista" predominante até aquele momento. Cada vez mais próximo e aberto às contribuições da sociologia, da antropologia, da economia, da geografia, os *Annales* (*Annales d'Histoire Économique et Sociale*) encontram, inicialmente, nos *Année Sociologique*, um grupo de diálogo e ao mesmo tempo uma fonte de inspiração. De acordo com François Dosse, "aos historiadores, os durkheimianos oferecem nova área de pesquisa, a sociologia da religião, encarada como linguagem comum, passível de uma renovação que rompa com a tradição dos estudos escolásticos desvinculados do social" (1992, p. 27). Na verdade, Lucien Febvre e Marc Bloch, a exemplo de Mauss, colocaram a história no plano do concreto, das pequenas ações onde os objetos estão em relação simbólica direta com a alma, domínio no qual tudo se mistura; desse modo, anteciparam a chamada história das mentalidades.[18]

Por outro lado, estudos como *Bruxaria, oráculos e magia entre os azande,* do antropólogo inglês Evans-Pritchard, publicado em 1937, e, *Do kamo, pessoa e mito no mundo melanésio,* realizado pelo pastor convertido a etnólogo Maurice Leenhardt (1878-1954), publicado nos anos 1940 – ambos resultado de pesquisas etnográficas realizadas nos anos 1920 –, influenciaram profundamente o trabalho de historiadores e de outros cientistas sociais desde então. Neste momento, destaca-se ainda o nome de Lucién Lévy-Bruhl com seus estudos sobre a "mentalidade primitiva". Mesmo tendo sido muito criticado em sua época, inclusive por causa de sua premissa positivista da mentalidade pré-lógica dos povos primitivos, Lévy-Bruhl passou a ser reanalisado nos últimos anos, sobretudo em razão de seu esforço em relacionar razão e afetividade expresso na "lei da participação".[19]

---

[18] Le Goff (1988) destaca o quanto a história das mentalidades está inextricavelmente ligada à etnologia.

[19] Sobre Lévy-Bruhl, ver Oliveira (2002); quanto a Evans-Pritchard e Leenhardt, ver Teixeira (2007), Clifford (1998) e Grossi, Motta & Cavignac (2006).

O ESPÍRITO DO TEMPO

Em suma, será em meio a esse quadro complexo de constituição das "ciências do homem" que Mauss joga luz sobre os estudos de etnologia religiosa, dos sistemas de trocas simbólicas, da construção social da pessoa, etc., ampliando o sentido e, portanto, o campo da antropologia, até então restrita às fronteiras das chamadas sociedades primitivas, na medida em que analisa temas e problemas que se fazem presentes no imaginário científico das sociedades modernas, ao mesmo tempo que exercia profunda influência sobre outros campos das chamadas ciências humanas e sociais.[20]

L'esprit du système

A contribuição teórico-metodológica de Mauss para o campo das ciências humanas e sociais será profunda e duradoura. A ele pode-se aplicar o que o antropólogo Clifford Geertz (1926-2006) definiu certa vez como "fundador de discursividade", isto é, os "estudiosos que ao mesmo tempo têm estabelecido suas obras com certa determinação e construído teatros de linguagem a partir dos quais toda uma série de outros atuam, de maneira mais ou menos convincente, e sem dúvida seguirão atuando ainda por um longo período de tempo" (1997, p. 31). De fato, Marcel Mauss é, ao lado de Bronislaw Malinowski (1884-1942), na Inglaterra, e Franz Boas (1858-1942), nos Estados Unidos, um dos pilares da antropologia social moderna.[21]

---

[20] Por exemplo, no *Ensaio sobre a idéia de morte*, um estudo sobre o efeito das representações coletivas nos indivíduos, Mauss "penetra no âmago de preocupações que a medicina chamada de psicossomática tornou atuais somente no curso destes últimos anos" (1974, p. 2), observa Lévi-Strauss.

[21] A singularidade do pensamento e da obra de Mauss tem inspirado alguns autores a buscarem afinidades com o sociólogo alemão Georg Simmel (1858-1918), creio que tais aproximações podem ser estendidas a Walter Benjamin (1892-1940). É digno de nota o que diz Herculano Lopes sobre Benjamin, pois parece aplicar-se à Mauss: "Não existe tal coisa como um 'método Benjamin' para a pesquisa histórica. Suas ideias, cheias de mistérios e imagens inquietantes, marcadas por uma linguagem mística, mas que se quer materialista, nos oferecem mais uma provocação intelectual do que uma teoria acabada. Mas sem dúvida ajudam a pensar os meios de se fazer uma história da performance que faça uso da idéia de performance na história: uma releitura da história que permita uma reflexão sobre o 'tempo de agora'" (s.d., p. 11).

De acordo com o antropólogo brasileiro Roberto Cardoso de Oliveira (1928-2006), as diferentes "culturas antropológicas" francesa, inglesa e norte-americana partilhavam o objetivo comum de criação de uma nova disciplina científica. Mauss, legítimo representante do paradigma racionalista, dentro da tradição intelectualista da Escola Francesa, foi um dos mais destacados arquitetos do processo de construção da sociologia e da antropologia moderna. Avesso às tentativas apressadas da razão, ou seja, às explicações fáceis, Mauss tinha no horizonte da "cultura científica" o problema da ordem, sendo sua voz acompanhada pelo coro das "escolas antropológicas" inglesa e norte-americana. Assim, no esforço de explicação científica de todo e qualquer fenômeno social, primitivo e/ou moderno, se interpõe a necessidade de descobrir a ordem de estruturação e funcionamento das coisas. De acordo com o antropólogo:

> A categoria da ordem implementa a investigação científica, teórica ou "de campo", em todo amplo espaço ocupado por essas "escolas". Tal a força dessa categoria no universo da disciplina que ela não apenas orienta o discurso das diferentes "escolas", a gramaticalidade da linguagem antropológica, o que constituiria a bem dizer o *impensado* da disciplina, como ainda manifesta-se no centro de sua problemática, largamente explícita em todos os índices ou sumários de quantos ensaios e monografias a antropologia conheceu em sua história (1988, p. 93).

Os estudos de Mauss sobre a sociologia são, nesse caso, exemplares. Pode-se evocar a título de ilustração o verbete de 1901, no qual ele declara: "Tudo o que a sociologia postula é simplesmente que os fatos chamados sociais estão na natureza, isto é, acham-se submetidos ao princípio da ordem e do determinismo universais, sendo por consequência inteligíveis" (1981, p. 4). Nessa linha de raciocínio pode-se ainda destacar a importância dos ensaios *Divisões e proporções das divisões da sociologia*, de 1927, e *Fragmento de um plano de sociologia descritiva*, de 1934, nos quais Mauss defende claramente os princípios da explicação sociológica e da organização do campo da sociologia. Também o ensaio *Algumas formas primitivas de classificação*, de 1903, ratifica o esforço de busca da ordem até mesmo no mundo das representações coletivas nas sociedades primitivas, portanto, não ficando restrito ao campo científico moderno da sociologia. Nesses termos, os ensaios *L'ethonographie en France et á l'étranger*, de 1913, *La sociologie en France depuis 1914*, de 1933, incluídos em *Œuvre* (1969), bem como o *Manual de etnografia*, de 1947, podem ser vistos como parte desse processo de organização dos campos da sociologia e da antropologia, afinal, "o *Manual* funciona como uma espécie de 'cartografia do pensamento' ou 'mapa cognitivo' sobre o 'estado da arte' da antropologia à época de Mauss" (ROCHA, 2006a, p. 111).

Justificando os termos desse tópico, o esforço de Mauss em definir os campos da sociologia e da antropologia estava em sintonia com *l'esprit du systeme*. Nesses termos, mais do que metáfora, a verdade é que o mundo natural e/ou social passava a existir, real e imaginariamente, como sistemas de classificação. Alguns exemplos ilustram essa observação. Assim, não é de se estranhar haver mais pontos comuns entre o sistema da natureza de Lineu e os museus e os circos de fins do século 19 do que supomos à primeira vista.[22] Isso porque ambos operam classificações que visam organizar, de maneira hierárquica, animais e humanos no reino das espécies e no mundo das raças. Nesse caso, os *freaks* (enquanto "monstros" e/ou "aberrações da natureza") são bastante convincentes, haja vista que a exibição dos "monstros" em circos e museus de curiosidades, para além da motivação financeira, também pretendia um efeito científico e humanista na medida em que, pedagogicamente, devia tanto esclarecer sobre a natureza

---

[22] Isso pode ser observado, por exemplo, no filme *O último selvagem*, na medida em que mostra como os museus da virada do século 19 para o século 20 misturavam história natural com antropologia física; ver Dias (1994). Inúmeros outros exemplos podem ser evocados com o objetivo de mostrar que essa obsessão pela classificação atinge o campo das ciências naturais com a tabela periódica dos físicos e químicos ao campo da antropologia do parentesco com seus complexos diagramas de árvores genealógicas.

humana quanto sensibilizar as pessoas. E mesmo os museus etnográficos e de história natural não estavam imunes à influência antiga das *cabinets de curiosités*, como parece ter sido o caso do Museu do Trocadéro. Somente em 1938, com a criação do Musée de L'Homme, sob os auspícios de Mauss e Rivet, foi que se avançou no campo das classificações se comparada à confusa coleção de objetos exóticos que era o Museu do Trocadéro. A partir desse momento, superado o "tropos exótico" (ROCHA, 2007) que afeta o imaginário cultural de fins do século 19, a ciência e a educação pareciam encontrar um novo alento com a iniciativa de Mauss e Rivet. Para James Clifford, o Musée de L'Homme representou algo mais do que um simples espaço de exposição das coleções etnográficas dos continentes africano, asiático e oceânico como havia sido o Trocadéro até então, e em sintonia com o surrealismo artístico colaborou de forma significativa e profunda para o desenvolvimento da moderna antropologia francesa.

> Se a Missão Dakar-Djibouti trouxe uma quantidade considerável de "arte" para expor no Trocadéro, seus objetos encontraram seu verdadeiro lar num museu bem diferente. Nem bem Rivière completava suas restaurações, em 1934, Rivet anunciava a aprovação de um novo projeto grandioso. A velha estrutura bizantina seria demolida para abrir caminho a um prédio de sonho, que sublimaria o anárquico cosmopolitismo dos anos 20 numa monumental unidade: a "humanidade". O Musée de l'Homme, um nome que apenas recentemente se tornou multiplamente irônico, era, na metade da década de 30, um ideal admirável, de significação ao mesmo tempo científica e política. A nova instituição combinava sob um só teto os laboratórios técnicos de Musée d'Histoire Naturelle e o Institut d'Ethnologie, anteriormente abrigado na Sorbonne. O museu compunha uma imagem liberal e sintética do "homem", uma visão concebida por Rivet, que articulava num poderoso conjunto simbólico várias das tendências ideológicas que venho descrevendo. Rivet juntou um talentoso grupo de etnólogos, incluindo Métraux, Leroi-Gourhan, Leenhardt, Griaule,

Leiris, Schaeffner, Dieterlen, Paulme, Louis Doumont e Jacques Soustelle. Ele proporcionou o apoio institucional que, juntamente com os ensinamentos de Mauss, formaram o centro para uma emergente tradição de trabalho de campo. Para a maioria desses pesquisadores, a conexão entre a arte e etnografia era crucial (1998, p. 158-159).

Na verdade, não só a conexão entre a arte e a etnografia era crucial, também a ciência e a educação, a cultura e a política estavam, inextricavelmente, ligadas no processo de formação e organização da moderna sociedade francesa.

O legado iluminista do século 18 chega ao século 20 apostando na educação, assim como na ciência, no museu, na etnografia, enquanto agentes no processo civilizatório francês. Paul Fauconnet, em apresentação ao livro *Educação e sociologia*, de Durkheim, originalmente publicado em 1922, nos adverte para o fato de que

> [...] os historiadores interpretarão a educação francesa do século XX: mesmo nas suas tentativas mais audaciosamente idealistas e humanitárias, ela é um produto da civilização francesa, consistindo em transmitir essa civilização; logo, ela procura plasmar homens conforme o tipo ideal do homem que essa civilização implica, e preparar homens para a França e também para a humanidade, tal como a França a imagina (1972, p. 11).

Não é demais lembrar que o próprio Mauss (1981) daria sua contribuição para o processo civilizatório ao concebê-lo como um fenômeno de natureza internacional, processo esse bem conhecido dos brasileiros desde a segunda metade do século 19, quando da implantação do modelo francês de ensino no país. O fato é que a educação se revela um importante aliado no processo de construção da nação moderna. Antecipando a teoria dos aparelhos ideológicos do Estado, de Louis Althusser (1918-1990), e da reprodução, de Pierre Bourdieu (1930-2002), Durkheim viu na educação o meio privilegiado a partir do qual a sociedade podia ser mantida moralmente integrada.[23] Especialmente, em *A educação moral* (2008), o sociólogo francês faz clara defesa da importância da educação no processo de organização da sociedade e da construção do sentimento de nação. Isso fica claro em sua defesa do ensino da educação moral para as crianças nas escolas públicas de seu tempo, diz ele:

> Não tentaremos definir aqui em que deve consistir a educação moral para o homem em geral, mas para os homens de nosso tempo e de nosso país. Ora, é em nossas escolas públicas que se forma a maioria de nossas crianças, são essas escolas que devem ser as guardiãs por excelência de nosso caráter nacional; não importa o que fizermos, elas são a engrenagem da educação geral; é delas, portanto, que vamos nos ocupar aqui e, por conseqüência, da educação moral tal qual ela é e deve ser entendida e praticada (2008, p. 19-20).

Atenção especial é dada ao tema da educação no terceiro capítulo; por ora, vamos nos ater às relações entre a arte e a etnografia. Assim como a ciência e a educação, as relações entre a etnografia e a arte falam muito da vida intelectual francesa da primeira metade do século 20. Como nos lembra James Clifford (1998), a etnografia produzida nos idos de 1930 se inscreve no espírito do surrealismo. A importância dessa relação para a compreensão do imaginário artístico cultural da França, no qual se desenvolve a antropologia social sob a supervisão intelectual de Mauss, consiste no fato de trazer à tona o papel das expedições etnográficas na África dos anos 1930.

As viagens etnográficas produzem um efeito mais amplo e profundo do que o simples deslocamento no espaço. Primeiro, porque se inscrevem na tradição das experiências de formação e de conhecimento; segundo, porque

---

[23] Durkheim também viu nas corporações trabalhistas (*Divisão social do trabalho*, de 1893) e na religião (*Formas elementares da vida religiosa*, 1912) instituições sociais da maior relevância para a organização da sociedade.

produziam um duplo deslocamento de sentido: para fora, ao encontro do "outro", do "primitivo", e para dentro, em busca do "outro" interior; terceiro, na medida em que promove o encontro das experiências dos surrealistas e dos etnólogos em uma mesma ação. Contudo, isso não impediu que se produzisse, ao longo do tempo, uma distância entre surrealistas e etnólogos, inclusive, marcada pela diferença de concepção em torno do "primitivo". Ao lado disso, se encontra ainda a diferença quanto à defesa na contextualização/descontextualização dos objetos e práticas na interpretação dos surrealistas e dos etnólogos.[24] Esses pontos podem ser ilustrados com a concepção mesma de surrealismo que, segundo Els Lagrou, parafraseando Foster, abrigava uma certa "fantasia primitivista", na qual "os artefatos provindos desses outros mundos significavam possibilidades de experiências subjetivas, de *iluminações* mais do que de *elucidações*, como diria Breton" (2008, p. 224).

Com efeito, será dentro desse quadro de formação da antropologia francesa que se destaca a *Missão etnográfica e linguística Dakar-Djibouti*, realizada na África entre os anos 1931-1933, chefiada por Marcel Griaule e integrada por Michel Leiris, um escritor surrealista que se convertera à etnologia. A verdade é que para além do colecionamento de objetos de artes, de documentos históricos, de animais dissecados e das anotações linguísticas em torno de 30 línguas ou dialetos desconhecidos ainda hoje, entre outras coisas, também a produção etnográfica de Griaule sobre os Dogons (*Dogons Masques*; *Dieu d'eau*, etc.) e a publicação dos "diários" de Leiris (*Afrique fantôme*) se inscrevem nesse "mito" ou "rito de fundação" da etnografia francesa que foi a Missão Dakar-Djibouti.[25] Esses trabalhos apontam outra direção em relação ao modelo malinowskiano da etnografia realista e

---

[24] As abordagens de Clifford (1998) e Brumana (2002) são ilustrativas do conflito de interpretações que cerca a análise da relação entre o surrealismo e a etnologia na França dos anos 1930.

[25] Para uma análise detalhada da missão, ver Brumana (2002).

incorporam elementos da arte em sua narrativa etnográfica. Na interpretação de Clifford, "a etnografia mesclada de surrealismo emerge como a teoria e a prática da justaposição. Ela estuda, ao mesmo tempo que é parte da invenção e da interrupção de totalidades significativas em trabalhos de importação-exportação cultural" (1998, p. 169). Em outras palavras, a técnica da *collage* invade o campo da etnografia e da arte, estratégia essa já experimentada pelos surrealistas na revista *Documents*, de arqueologia, belas-artes, etnografia e variedades, coordenada por George Bataille (1897-1962), mas presente também na escrita de *Afrique fantôme*, de Michel Leiris. Em apresentação à edição brasileira, Fernanda Peixoto observa que o livro se mostra "uma colagem de fragmentos" em que:

> As sucessivas etapas da missão, registradas no caderno do arquivista, falam de uma viagem que é, antes de tudo, iniciática e das perplexidades oriundas do aprendizado de um ofício, que tem a particularidade de deslocar o sujeito. As notas acompanham a transformação de uma identidade e, ao mesmo tempo, flagram a convivência tensa entre o escritor e etnógrafo. A dimensão autobiográfica se faz presente ao longo de toda a narrativa, borrando a divisão estabelecida entre as duas partes. Em sua caderneta de campo, o narrador acumula lembranças, sonhos e frustrações por meio de um exercício cotidiano e disciplinador. O ato de escrever funciona assim como uma espécie de catarse, tornando-se atividade fundamental do viajante-etnógrafo: "Entediado, procuro me distrair escrevendo este diário, que se torna meu principal passatempo. É quase como se tivesse a nítida idéia da viagem para redigi-lo" (5 de abril de 1932). (2007, p. 23).

Embora seja notória a relação entre a etnografia e a arte, não se pode perder de vista o sentido crítico que as expedições e as experiências etnográficas adquirem nesse momento de formação da antropologia francesa. São explícitas as denúncias do modo como os objetos foram coletados, aproximando-se por vezes da imagem da rapina, o que leva Leiris a assumir em alguns momentos, por exemplo, um tom bastante irônico ao se referir à prática etnográfica: "por que a investigação etnográfica com freqüência me faz lembrar um interrogatório policial?" (2007, p. 297), escrevia o escritor-viajante-etnógrafo em 31 de março de 1932. O colonialismo francês não será poupado da crítica dos etnólogos, ainda que alguns, como Mauss, vissem na preparação conscienciosa de futuros etnógrafos, no exercício da "sociologia aplicada", uma estratégia de proteção para as sociedades primitivas.

Mas Mauss não chega a ser um legítimo "surrealista etnógrafo" ou "etnógrafo surrealista" se comparado a Griaule e Leiris. Contudo, se considerarmos o "espírito da *collage*" como uma prática capaz de promover o estranhamento do familiar, não há dúvida de que sua obra parece aberta a essa sugestão. Em particular, o *Manual de etnografia* (1993) ilustra esse "espírito da *collage*", na medida em que se revela portador de um duplo sentido: de um lado, enquanto resultado de um esforço de seus ex-alunos em fixar as *instruções de etnografia descritiva* – o que faz dele uma espécie de escrita de segunda ou terceira mão; do outro, porque apresenta a etnografia como resultado de uma produção intelectual coletiva a partir do trabalho de uma equipe de especialistas e de pontos de vista teórico-metodológicos diversos – perspectiva defendida no próprio *Manual*, já que sua fonte são etnografias produzidas até aquele momento. Tudo isso, talvez, contribua para uma visão mais qualificada do fato de ter produzido tantos ensaios em parceria; de certa forma, essa ideia é ratificada em seu *Autorretrato intelectual* (1998). Fruto de pontos de vista diversos, o *Manual de etnografia* provoca um estranhamento sobre o sentido mesmo da etnografia. Espécie de diagnóstico do pensamento etnográfico da época, o *Manual* nos apresenta um conjunto de temas, problemas e estratégias relacionadas ao campo da antropologia e da prática da etnografia na França da primeira metade do século 20.

Antropologia *at home*

Muitos autores apontam com misto de curiosidade e perplexidade o fato de alguém que nunca fez trabalho de campo, salvo uma pequena experiência de poucos dias no Marrocos e de algumas viagens breves a países estrangeiros como os Estados Unidos em 1926, ter sido batizado por Georges Condominas como o "pai da etnografia francesa" e ter escrito um importante *Manual de etnografia* que, segundo sua organizadora Denise Paulme, "pela originalidade e pela diversidade dos pontos de vista, estas Instruções excedem, de longe, o nível do certificado de licenciatura a que correspondem" (1993, p. 12). Na mesma linha de raciocínio de Karady (1968), também James Clifford endossa essa visão quando nos brinda com o perfil de Mauss:

> Mauss era um pesquisador. Ele treinou um seleto grupo. Na década de 1930, um grupo de devotos, alguns deles amantes do exótico em moda, outros, etnógrafos que se preparavam para ir para o campo (alguns dos primeiros em vias de se transformarem nos segundos), seguiria Mauss de sala em sala. Na Hautes Études, no Institut d'Ethnologie e posteriormente no Collège de France, eles se deleitava com seus *tours* eruditos, loquazes e sempre provocativos, através das diversidades culturais do mundo. As aulas de Mauss não eram demonstrações teóricas. Elas enfatizavam, na sua forma divagadora, o fato etnográfico concreto; Mauss tinha um olhar acurado para o detalhe significativo. Ainda que ele próprio nunca tenha feito trabalho de campo, Mauss era eficiente em levar seus alunos a fazerem pesquisa de primeira mão (1998, p. 139-140).

Mas o fato de Mauss não ter realizado o "trabalho de campo" no sentido estrito do termo não significa não ter produzido etnografia. Se, de acordo com o próprio Mauss, "o etnógrafo dever ter a preocupação de ser exacto, deve ter o sentido dos factos e das relações entre eles, o sentido das proporções e das articulações" (1933, p. 22), então, o *Manual* fala por si só. Em outras palavras, a exposição detalhada dos inúmeros procedimentos exigidos em um estudo etnográfico no sentido estrito do termo faz do *Manual*, como o próprio Mauss gostava de salientar, um inventário das categorias e procedimentos metodológicos exigidos aos antropólogos no estudo intensivo de uma sociedade. Sem entrar na especificidade de cada dimensão a ser considerada pelo etnógrafo, Mauss destaca ao menos três planos fundamentais no estudo de uma sociedade qualquer: 1. a morfologia social coloca como exigência a análise dos modos de relação do homem com o meio, portanto, suas relações com os animais e as espécies vegetais, além da arquitetura de suas habitações, formas de povoação do espaço social, adaptação sazonal, entre outros aspectos relativos à demografia dos grupos sociais, formas de produção e exploração da terra, etc.; 2. a fisiologia social revela o movimento da vida social propriamente dita com suas tecnologias, estética, economia, direito, religiões, ciências, etc.; em termos concretos, é onde a vida social se realiza em sua plenitude através dos ritos, mitos, relação com os objetos, etc.; 3. aos fenômenos gerais, Mauss reserva o estudo da língua – embora também apareça no plano da morfologia social –, os fenômenos relativos à vida da nação, à civilização enquanto fenômeno internacional, à etologia social. A cada um desses planos inúmeros métodos, tais como estatística, mapas, fotografias, histórias de vidas, museografia, diários, devem ser acrescidos pelo etnólogo. A observação prolongada junto à sociedade em estudo é imprescindível à boa etnografia, pois, se se considera o caráter consuetudinário de certos fenômenos, são grandes as dificuldades colocadas pela observação, por exemplo:

> Cerimônias inteiras podem desenrolar-se sob os olhos de um estrangeiro e ele não os verá. O padre Dubois, no seu livro sobre o Betsileo, mostra como, desde que o indígena se aproxima da sua casa, tudo se torna religioso; nada no interior da habitação é puramente laico, cada

coisa ocupa um lugar fixo, o pai senta-se sempre ao fundo à direita; toda a casa é orientada. Da mesma forma, na cabana tchouktchi, tudo é rigorosamente classificado. O observador deverá imaginar as pessoas que vivem todo o ano como vive um judeu polaco o dia do Grande Perdão: não há acto nenhum que seja religiosamente indiferente no interior da casa. A casa romana, com os seus *penetralia*, apresenta um aspecto bastante similar. As sociedades mais simples podem ser, ao mesmo tempo, as mais complicadas (1993, p. 204).

Mauss nos adverte para o fato de que nenhum estudo, por mais completo que seja, nos autoriza a concluir de maneira geral sobre a mentalidade humana, contudo, pode nos possibilitar descobertas inovadoras e a elaboração de novos conceitos contribuindo, sem dúvida, para o progresso do conhecimento científico, em particular, e do pensamento humano, em geral. Desnecessário dizer que as *instruções de etnologia descritiva* de Mauss não se restringem ao campo das sociedades primitivas, elas também se aplicam à análise das sociedades tradicionais e modernas.

Uma razão a mais parece ratificar a ideia do *Manual* como discurso metaetnográfico sobre o pensamento antropológico francês da primeira metade do século 20. É que, de certa forma, ele preenche uma lacuna identificada por Mauss em 1913, em seu ensaio *L'ethnographie en France et à l'étranger*, incluído em suas *Œuvres* (1969). A etnografia, apesar de sua antiguidade na França, não havia alcançado até o momento da Primeira Guerra desenvolvimento semelhante ao de outros países. Essa é a constatação de Mauss quando observa que "ao lado do trabalho produzido no século XIX pela Inglaterra, os Estados Unidos, a Alemanha ou mesmo a Holanda, a França faz magra e pálida figura". E se pergunta: "Por que temos negligenciado uma ciência outrora honrada? Por que essa interrupção? Por que essa abstenção?" (1969, p. 4004). É sabido que o período entreguerras foi trágico para o desenvolvimento da antropologia na França, pois inúmeros

O ESPÍRITO DO TEMPO

colaboradores dos *Année sociologique* desaparecem nesse momento.[26] O esforço de Mauss em consolidar os trabalhos dos *Année* será acompanhado das iniciativas de criação do *Institut de L'Ethnologie,* em 1925, e sua fecunda orientação intelectual na formação dos etnógrafos da expedição Dakar-Djibouti de 1931-1933, além da formação do Musée de L'Homme, em 1938, e a publicação, em 1947, das suas *Instruções de etnografia descritiva* como *Manual de etnografia.* Daí a possibilidade de se reconhecer no *Manual* o resultado de um processo, ou melhor, um projeto de formação da antropologia francesa cuja origem se encontra tempos atrás.

L'ethnographie en France et à l'étranger é uma espécie de "estado da arte" da etnografia no tempo da Primeira Guerra. Mauss passa em revista as grandes tradições antropológicas da Europa (Inglaterra, Alemanha, Holanda) e Estados Unidos, colocando em foco a situação das principais instituições como museus e institutos, as principais publicações, os temas abordados, os principais trabalhos, as áreas de estudo, e chega à triste conclusão, naquele momento, de que:

> A causa e também a conseqüência da estagnação da etnografia na França é a ausência ou a insuficiência das instituições que podem dela se ocupar. Nós não temos nem ensinamento, nem bons museus, nem cargo de pesquisadores etnógrafos porque não nos interessamos pela etnografia. E, inversamente, nós não nos interessamos por essa ciência porque não há entre nós alguém particularmente interessado em seu sucesso (1969, p. 420).

Embora a França exercesse domínio sobre vários países da África, "nossos oficiais, nossos administradores, nossos colonos não são encorajados, nem auxiliados, nem solicitados

---

[26] Encontramos essa constatação na análise de Mauss sobre *La sociologie en France depuis 1914,* um texto de 1933, incluído em suas *Œuvres* no qual declara: "aliás, nós podemos explicar a história das ciências pela história dos sábios. Pois, alguns dos grupos de pesquisadores foram mais atrozmente colocados à prova pela guerra" (1969, p. 437); tal era o caso da França, observa Mauss.

47

a observar e a escrever" (p. 431) sobre as culturas e sociedades que conheciam. Esse quadro é, segundo Mauss, lamentável, afinal:

> A França, ela, tem mais de sessenta milhões de indígenas para administrar em suas colônias, sobre os quais vinte milhões talvez sejam de civilizações que requerem a atenção, sem dúvida, da etnografia no sentido mais estrito. E não temos, entre nós, ainda, sábios especialmente designados para estudar essa porção considerável da humanidade, que nós atribuímos tanta necessidade de conhecer. Nós não solicitamos que seja feita despesa proporcional as que são feitas pelos americanos. Nós demandamos que seja feita alguma coisa para os Museus de etnografia, alguma coisa para um Bureau de etnografia e pelas pesquisas externas das colônias francesas (p. 432).

A sociologia apresentava situação bem menos dramática que a etnografia quando se toma como referência a análise de Mauss sobre *La sociologie en France depuis 1914*, de 1933. Após apresentar os progressos da sociologia a partir de sua inscrição no sistema de ensino francês, algumas obras de destaque e autores de referência, Mauss destaca que a sociologia abandonou parcialmente o campo das ideias priorizando o plano dos fatos, e conclui:

> [...] nem a realidade dos fenômenos sociais, morfológicos, fisiológicos e psicológicos, nem a sua relativa necessidade [...] não são mais contestadas nem de fato nem de direito. A independência relativa – e há uma outra? – do reino social que elas formam não é mais uma desvantagem. Esse ganho metódico de Comte, de Durkheim, na França ao menos, é, nós acreditamos, uma aquisição eterna (p. 448).

Portanto, a ideia de uma "antropologia do familiar" em Mauss, na qual o *Manual* serve-nos de ponto de partida (ou de chegada), é reforçada ainda pela abordagem clássica dos temas, caracteristicamente modernos, da nação e da civilização. Em 1920, Mauss publica *A nação*, um importante ensaio que se inscreve no campo da história das ideias a exemplo de outros estudos como, por exemplo, *Uma categoria do espírito humano – a noção de pessoa, a noção de "eu"*, de 1938. Contudo, Mauss parece menos interessado em historicizar a ideia de nação do que realizar uma análise mais próxima ao espírito da arqueologia, segundo o modelo focaultiano.[27] Sem perder de vista as singularidades históricas e os problemas que cercam a ideia de nação, Mauss reconhece a sua modernidade e sua filiação com a formação do Estado moderno e chega a uma definição: "Nós entendemos por nação uma sociedade material e moralmente integrada, com poder central estável e permanente, com fronteiras determinadas, com relativa unidade moral, mental e cultural dos habitantes que aderem conscientemente ao Estado e suas leis" (1969, p. 584). Após inúmeras considerações de ordem histórica e sociológica, Mauss apresenta inúmeras características que singularizam a nação, inclusive, como fenômeno de civilização. Assim, os imaginários relacionados à raça, à língua, às artes, ao folclore, à educação, etc. somam para a formação da ideia e o sentimento da nação. O conjunto desses elementos é o que permite a individualização das nações no curso da história e no plano das civilizações. Mauss lembra que:

> Cada nação é como as vilas de nossa antiguidade e de nosso folclore, que são convencidas de sua superioridade sobre as vilas vizinhas e cujas pessoas se batem de frente como "loucos". Seu povo ridiculariza o público estrangeiro como em *Monsieur de Pourceaugnc* os parisienses escarnecem os Limousins. Elas são herdeiras dos preconceitos dos antigos clãs, das antigas tribos, das paróquias e das províncias porque elas tornaram-se as

---

[27] A propósito, a dimensão da circulação, mais do que a da produção e do consumo, é o que chama a atenção de Mauss, nos lembra Almeida (2007) em sua análise da nação. É por meio da circulação de ideias, sentimentos e objetos que se torna possível construir o significado da nação.

unidades sociais correspondentes e são individualidades que têm um caráter coletivo (p. 599-600).

O entendimento da civilização como um fenômeno de natureza internacional a coloca na linha de frente das trocas simbólicas. Mas isso não faz de Mauss um representante do difusionismo cultural e nem da globalização, embora veja nos empréstimos culturais um fenômeno intrínseco à civilização. Contudo, o que parece importante a Mauss no estudo da civilização é o fato de se estar frente a um fenômeno cujos desdobramentos eram não só desconhecidos como, até certo ponto, se mostrava uma novidade, diz ele:

> A natureza internacional dos fatos de civilização intensifi-ca-se. O número dos fenômenos deste tipo aumenta; eles se estendem; multiplicam-se mutuamente. Sua qualidade cresce. O instrumento, como a pá-enxada de que falamos, o costume, as coisas mais ou menos complexas podem permanecer aqui e ali como testemunhos específicos, irracionais, pitorescos, das nações e das civilizações passadas. A máquina, o processo químico não o podem. A ciência domina tudo, e, como o predizia Leibniz, sua linguagem é necessariamente humana. Enfim, uma nova forma de comunicação, de tradição, mesmo das coisas do sentimento e do hábito, torna-se universal: é o cinema. Uma nova forma de perpetuação dos sons: o fonógrafo, e um novo meio de difundi-los: a radiotelefonia, em menos de dez anos, irradiam todas as músicas, todos os acentos, todas as palavras, todas as informações, apesar de todas as barreiras. Estamos no começo (1981, p. 491-492).

Mauss parecia antecipar muito do que hoje se convencionou chamar de globalização, ao mesmo tempo que sua obra refletia as principais ideias e problemas colocados pelo ambiente histórico cultural no qual se desenvolve a antropologia francesa moderna. À luz desse quadro analiso, em profundidade, no próximo capítulo, os fundamentos teórico-metodológicos da obra de Mauss, no sentido estrito do termo.

| CAPÍTULO II

OBRA EM ABERTO

*ele tinha idéias demais para ser capaz de
dar completa expressão a qualquer delas*

Louis Dumont

O ofício do etnólogo

Em 1902, Marcel Mauss proferiu *Aula inaugural* na Seção de Ciências da Religião, na Ecole des Hautes Études de Paris, com o título *O ofício do etnólogo, método sociológico*. Na verdade, mais do que uma simples aula inaugural, naquele momento, Mauss, recém-ingresso naquela instituição, expunha um programa de estudos ao mesmo tempo que defendia uma concepção de etnologia. O tom eloquente de suas palavras de abertura ratifica o desafio que tem pela frente:

A Seção de Ciências Religiosas da Ecole des Hautes Études concedeu-me a honra, muito grande, de me convidar para substituir meu antigo mestre. Já é tempo que eu vos diga com que espírito procurarei desempenhar a tarefa que me cabe. Naturalmente, senhores, não vos devo expor todos os projetos que elaboro; arriscaria promessas que talvez não pudesse manter. Bastará, espero, que assinale hoje, com alguma precisão, certas tendências que seguirei nos trabalhos que iremos empreender. E como, recentemente, tive que vos falar sobre a maneira pela qual

Marillier dirigira esta conferência, me limitarei a tratar da mesma questão. Qual será o tema dos nossos cursos? Como observaremos os fatos que coletamos? Como os explicaremos? Eis aí três problemas diversos e conexos, a respeito dos quais vos devo francas declarações, de maneira que possam vos indicar o que é preciso que espereis de mim (1979, p. 53).

Objeto, método e teoria traduzem as perguntas de Mauss. Reunidas revelam suas preocupações com a definição do campo da antropologia emergente, numa época em que a categoria Etnologia designava o ofício do antropólogo na tradição anglo-saxã, cujo fim era, segundo a definição do próprio Mauss, "a observação das sociedades, [e] como objecto o conhecimento dos factos sociais" (1993, p. 21).

A etnologia, como salientou mais tarde Lévi-Strauss (1967), pode ser vista como uma fase intermediária entre a etnografia e a teoria antropológica propriamente dita no processo de formação da disciplina. Além de estreita aproximação com a sociologia e a história, a etnologia concebida por Mauss devia buscar o "fenômeno inconsciente" que habita o campo dos costumes, da tradição, da vida social. Na definição de Mauss:

> Do mesmo modo que o linguista deve buscar sob as falsas transcrições de um alfabeto os verdadeiros fonemas que eram pronunciados, assim também, sob as melhores informações dos indígenas, oceânicos ou americanos, deve o etnógrafo buscar os fatos profundos, inconscientes quase, porque eles existem apenas na tradição coletiva. São estes fatos reais, estas coisas, que procuraremos alcançar através dos documentos (1979, p. 57).

Mauss não despreza a abordagem da história, o que pode ser constado em seus estudos como *A prece* (1909), *A nação* (1920) e *Uma categoria do espírito humano – a noção de pessoa, a noção de "eu"* (1938), entre outros, contudo, lhe concede um sentido fenomenologicamente heurístico.

Em alguns momentos, ele mesmo reconheceu a estreita proximidade de sua perspectiva com a da fenomenologia, porém sem a "sombra" da metafísica. A busca do significado vivido concretamente pelos homens no curso da vida social é o que lhe fornece o sentido de história. Em acordo com o seu *Autorretrato intelectual* (1998), Mauss pensa o ofício do etnólogo como uma prática coletiva, o que talvez justifique tantos ensaios escritos a duas mãos e coloque o desafio de abordagens diferentes conduzidas por métodos e técnicas diferentes. Para ele, a compreensão de todo e qualquer fato social só é possível se, além de cotejar suas dimensões morfológicas e estatísticas, considerar sua especificidade histórica, afinal:

> [...] atrás de todo fato social, há história, há tradição, há linguagem e hábitos [...] É necessário atentar que o sociólogo deve sentir sempre que um fato social qualquer, mesmo parecendo novo e revolucionário, por exemplo, uma invenção, está, pelo contrário, carregado de passado, sendo fruto de circunstâncias as mais longínquas no tempo e de múltiplas conexões na história e na geografia. Nunca deve ser completamente despojado, mesmo pela mais alta abstração, nem de sua cor local, nem da sua ganga histórica (1974a, p. 184).

Muitas vezes, os termos etnologia, etnografia, antropologia, sociologia são utilizados como se fossem sinônimos, muito embora Mauss demonstrasse sempre grande preocupação com as definições conceituais. Tais conceitos expressam fases ou momentos do ofício do etnólogo e seus métodos e formam uma espécie de "sistema etnológico" cuja característica principal é a de promover uma perspectiva, um olhar e uma maneira de pensar a diferença e os significados dos símbolos. Esta característica foi sutilmente captada por Merleau-Ponty em sua análise do pensamento de Mauss:

> A etnologia não é uma especialidade definida por um objeto particular – as sociedades "primitivas"–, é a maneira de pensar que se impõe quando o objeto é "outro" e que

exige nossa própria transformação. Assim, também viramos etnólogos de nossa própria sociedade, se tomarmos distância com relação a ela. [...] Método singular: trata-se de aprender a ver o que é nosso como se fôssemos estrangeiros, e como se fosse nosso o que é estrangeiro. E não podemos sequer fiar-nos em nossa visão de despatriados: a própria vontade de partir tem motivos pessoais, podendo alterar o testemunho. Se quisermos ser verdadeiros, deveremos dizer também esses motivos, não porque a etnologia seja literatura, mas porque, ao contrário, não deixa de ser incerta a menos que o homem que fala deixe de cobrir-se com uma máscara. Verdade e erro habitam juntos na intersecção de duas culturas, seja porque nossa formação nos esconde aquilo que há para conhecer, seja porque, ao contrário, ela se torna, na pesquisa de campo, um meio para situar as diferenças do outro. Quando Frazer dizia, a respeito do trabalho de campo, "Deus me livre", não estava se privando apenas dos fatos, mas de um modo de conhecimento. Claro que não é possível, nem sempre necessário, que o mesmo homem conheça por experiência todas as verdades de que fala. Basta que tenha, algumas vezes e bem longamente, aprendido a deixar-se ensinar por uma outra cultura, pois, doravante, possui um novo órgão de conhecimento, voltou a se apoderar da região selvagem de si mesmo, que não é investida por sua própria cultura e por onde se comunica com as outras (1989, p. 146-148).

Sem dúvida, a etnologia ocupa um lugar especial na ciência produzida por Mauss.[28] Se a etnologia tem como objeto a compreensão dos costumes enquanto fatos inconscientes, portanto, "fatos da tradição", por outro lado, salienta Mauss

---

[28] A complexidade e a fecundidade da obra de Mauss garantem à sua antropologia grande pluralidade de sentidos, tornando-a antropologias quando não sociologias: antropologia social, antropologia do concreto, antropologia simbólica, antropologia das trocas, antropologia dos sentidos, sociologia comparada das religiões, etnologia – algumas definições dadas pelo próprio Mauss, outras por seus intérpretes. Não se trata de preciosismo nominalista, na verdade tal pluralidade aponta para a abertura de sua obra.

em sua *Aula inaugural*, é preciso ainda expor o método ou os métodos de abordagem e sua explicação teórica. Nesta perspectiva, além da historicidade dos fenômenos, sejam rituais, sejam ideias, é preciso creditá-los como "fenômenos sociais totais". Conceito esse cujas implicações epistemológicas, destaca Lévi-Strauss entre outros, "revolucionou" o campo das ciências humanas e sociais.

O fato social total não é uma reprodução ampliada dos fatos sociais de Durkheim (1987). Diferentemente da "coisificação" dos fatos sociológicos, suposta garantia de objetividade do pesquisador, na perspectiva de Mauss "o fato social total não significa apenas que *tudo o que é observado faz parte da observação*, mas também, e principalmente, que em uma ciência em que o observador é da mesma natureza que o seu objeto, *o observador é, ele mesmo, parte da sua observação*", adverte Lévi-Strauss (1974, p. 16). Isso não elimina a necessidade de objetividade no estudo dos fenômenos sociais, contudo, exige do etnólogo uma vigilância epistemológica constante, um processo de reflexividade teórico-metodológico rigoroso. Por exemplo, no livro primeiro de sua tese de doutoramento inacabada, *A prece*, Mauss expõe de maneira didática e profunda os procedimentos metodológicos na definição de um fenômeno social. Não se trata de definir a substância do objeto, antes apresentar os contornos do mesmo. A definição limita o campo de observação do etnólogo. *A prece* ilustra exatamente o erro cometido pelos estudos anteriores que antes de estudarem-na fazem dela uma ideia. Assim, os estudos sobre a prece nos informam antes as representações dos pesquisadores do que o rito oral praticado pelos "crentes" e "fiéis".

A exigência de uma visão "total" que leve em conta desde as relações do etnólogo com o seu "objeto" de estudo, passando pela realidade concreta dos fenômenos sociais à constatação de que a mesma é constituída simultaneamente pela economia, política, religião, estética, moral, etc.; faz do "fenômeno social total" um fato privilegiado. Numa aproximação com a definição antropológica de Geertz (1989), do homem como "animal amarrado a teias de significados", Mauss nos lembra que

> [...] os fenômenos sociais têm entre si as relações mais heteróclitas. Costumes e idéias desenvolvem suas raízes em todas as direções. O erro é negligenciar estas anastomoses sem número e profundas. O objetivo principal de nossos estudos é precisamente dar o sentimento destes mais diversos vínculos de causa e efeito, de fins, de direção ideais e de forças materiais (inclusive o solo e as coisas) que, entrecruzando-se, formam o tecido real, vivo e ideal, ao mesmo tempo, de uma sociedade (1981, p. 65).

Portanto, não se trata de buscar apreender tudo, antes o "fato" que condensa a sociedade, o fenômeno que edifica o sistema. Do ponto de vista epistemológico, o fato social total representa um esforço de superação das dicotomias sociológicas: indivíduo/sociedade; comunidade/sociedade; sagrado/profano, etc. O ex-aluno Louis Dumont sintetiza a questão chamando a atenção para o seguinte:

> Num sentido, a sociedade é o único "todo", mas é tão complexa que, mesmo reconstituindo-a o mais escrupulosamente possível, haverá uma dúvida pairando sobre o resultado final. Felizmente, existem casos em que a coerência se encontra em complexos menos extensos, onde o "todo" pode ser mais facilmente abrangido com um olhar, e a "dádiva" é um desses casos. A sociedade inteira está presente, como que condensada, no *potlatch*. Aí temos o fato típico cujo estudo científico bastaria para estabelecer uma lei ou, antes, como eu gostaria de dizer mais exatamente, um fato que obriga o observador, se o observador é Mauss, a transcender as categorias através das quais se aproxima daquele (1985, p. 191-192).

Assim, a ideia de "totalidade" está embutida na etnologia de Mauss. Dela se pode extrair duas outras categorias centrais à sua ciência, de um lado, a ideia de sistema, do outro, a ideia de concreto, que será aprofundada no último capítulo. Aqui, adentramos no reino da teoria sem, contudo, abandonar a questão do método. A ideia de sistema carrega uma dimensão teórico-metodológica na medida em que busca tornar inteligível a realidade "bruta", confusa e complexa dos fenômenos sociais. Já em 1901, no verbete "Sociologia", escrito em parceria com Paul Fauconnet, para integrar a *Grande Enciclopédia*, Mauss apresentava três características na sistematização dos fatos,[29] a saber:

> Em primeiro lugar, é importante só aproximar fatos da mesma ordem, isto é, fatos que entram na definição estabelecida no começo do trabalho [...]
>
> Em segundo lugar, é preciso alinhar os fatos assim reunidos em séries cuidadosamente constituídas. Em outras palavras, dispõem-se as diferentes formas que apresentam segundo uma ordem determinada, seja uma ordem de complexidade crescente ou decrescente, seja uma ordem qualquer de variação [...]
>
> Em terceiro lugar, diante desta série, dispõem-se outras séries, constituídas da mesma maneira, compostas entre as diversas espécies que se vêem desprenderem-se as hipóteses (1981, p. 29).

A noção de sistema requer uma explicação racional do fenômeno social a partir da qual o mesmo é classificado, sendo o seu sentido muitas vezes revelado pelo etnólogo. Afinal, nem sempre os homens apresentam o mesmo grau de consciência sobre a complexidade dos sistemas que os envolvem, o que não significa abrir mão da "visão de mundo" ou "ponto de vista nativo". Será, então, na confluência do mundo concreto com a explicação sociológica, portanto, teórica, que Mauss se posiciona ocupando um lugar intermediário epistemologicamente fecundo, na medida em que busca atingir o

---

[29] De outro modo, essa sistematização guarda afinidades com a noção de estrutura em Lévi-Strauss (1967).

universal científico da explicação sociológica sem abandonar as particularidades etnográficas da realidade social.

Um dos caminhos encontrados na explicação por Mauss, além da abordagem histórica, é o método comparativo. A comparação, método seguido no *Ensaio sobre a dádiva*, é definido por Mauss, segundo seus próprios termos, com precisão:

> Seguimos um método de comparação precisa. Primeiro, como sempre, estudamos nosso tema apenas em áreas determinadas e escolhidas: Polinésia, Melanésia, noroeste americano e algumas regiões amplas. Em seguida, naturalmente, escolhemos apenas lugares nos quais, graças aos documentos e ao trabalho filológico, tínhamos acesso à consciência das próprias sociedades, pois trata-se aqui de termos e de noções, o que restringia ainda o campo de nossas comparações. Enfim, cada estudo incidiu sobre sistemas que nos limitamos a descrever, um de cada vez, na íntegra; renunciamos, portanto, a uma comparação constante em que tudo se confunde e na qual as instituições perdem toda cor local e os documentos, seu sabor (1974b, p. 43).

Comparar sem perder de vista o particular, o concreto, o fenômeno social total. Por meio da comparação, entendida como a aplicação de inúmeros procedimentos e estratégias metodológicas amplamente discutidas por Mauss em sua obra, mas, principalmente, no *Fragmento de um plano de sociologia descritiva* (1981) e no *Manual de etnografia* (1993), é que se pode atingir o "fato social total" como o universal inscrito no singular.[30] Para Mauss, "a etnografia comparada só terá, com efeito, valor se se basear em comparações de factos e não de culturas" (1993, p. 22). Portanto, é combinando o método etnográfico com a explicação sociológica que o etnólogo logra êxito em sua análise.

---

[30] Lição essa que Mauss parece ter aprendido com Krause, ao resenhar seu livro sobre metodologia comparada do folclore em 1900, ao declarar: "toda obra do autor é assim dividida entre o amor do detalhe e a necessidade de explicações gerais, tendências nada contraditórias e que se mostram perfeitamente equilibradas" (1969, p. 360).

Explicar significa estabelecer relações entre os fatos identificando suas causas e efeitos, portanto, suas relações inteligíveis; mostrar o fato social na multiplicidade de suas relações e determinações, o que, parafraseando Brumana, significa dizer que "o objetivo principal de nossos estudos é precisamente dar o sentimento destes mais diversos vínculos de causa e efeito, de fins, de direção ideais e de forças materiais [...] que [...] formam o tecido real, vivo e ideal, ao tempo, de uma sociedade" (1983, p. 17). Ou, nos termos de Denise Paulme, "a explicação sociológica terminou quando se viu em que é que as pessoas acreditam e o que é que pensam, e quem são as pessoas que acreditam nisso e pensam nisso" (1993, p. 17).

Não à toa, a explicação sociológica de Mauss tem levado alguns pensadores a classificá-lo como um teórico de inspiração interacionista (LAYTON, 2001; MARTINS, 2008). Hipótese essa que parece reforçada ainda em razão da importância do simbólico no pensamento do autor. Para Mauss, a realidade social é simbólica *par excellence*, pois o símbolo constitui o elemento estrutural que a torna significativamente social e concreta. Adeus sentido inscrito no céu, adeus sentido externo à sociedade.

Essas proposições teórico-metodológicas de Mauss encontram-se como que condensadas no *Ensaio sobre a dádiva*, fazendo dele, talvez, o melhor exemplo do conceito que o ajudou a tornar-se famoso.[31] Ensaio com múltiplos sentidos, ao mesmo tempo político, jurídico, moral, religioso, etc.; nesse momento, destacamos sua centralidade no conjunto da obra de Mauss.

O paradigma da dádiva

O Ensaio sobre a dádiva – forma e razão da troca nas sociedades arcaicas ganhou relevância no campo das ciências sociais e humanas a partir da "Introdução à obra de Marcel Mauss", preparada por Lévi-Strauss para integrar a coletânea

---

[31] Reservo à educação e, em especial, àquela dirigida às técnicas do corpo a qualidade de fato social total na obra de Mauss, como será visto no último capítulo.

Sociologia e antropologia (1974), organizada por Georges Gurvitch, em homenagem ao "pai da etnografia francesa" quando de sua morte em 1950.

Desde sua publicação em 1924/1925, o *Ensaio* tem despertado a atenção dos antropólogos de todo mundo. Naquele momento, recebeu elogios de Lucién Lévy-Bruhl, Bronislaw Malinowski, Franz Boas, entre outros, mas também despertou a crítica de outros como Raymond Firth (1901-2002). Mas, como observa Sigaud, "o texto de 1924-25 não ocupava, para Mauss, o lugar central que vieram depois lhe atribuir os antropólogos" (1999, p. 101). O principal interesse de Mauss, naquele momento, era o campo de estudos sobre rituais e os sistemas de representações religiosas, não os sistemas de prestações totais e suas implicações de ordem jurídica, moral e de economia primitiva. Coube a Lévi-Strauss conduzir o processo de "canonização" do *Ensaio;* contudo, isso não o impediu de tecer duras críticas a Mauss, como será visto à frente. A verdade é que, contrariando o sentido "provisório" dado por Mauss à sua "obra-prima", o *Ensaio* continua ainda hoje provocando constantes e recorrentes releituras.[32]

Mas, afinal, o que faz com que o *Ensaio sobre a dádiva* tenha se tornado no dizer de uns o "único paradigma propriamente sociológico que se possa conceber e defender" (CAILLÉ, 2002, p. 44-45), e para outros, o instrumento de uma verdadeira revolução científica, pensa Lévi-Strauss (1974).

O problema que orienta toda investigação conduzida no *Ensaio* parte de um duplo questionamento: "Qual é a regra de direito e de interesse que, nas sociedades de tipo atrasado ou arcaico, faz com que o presente recebido seja obrigatoriamente retribuído? Que força há na coisa dada que faz com que o donatário a retribua?" (1974b, p. 42). Mauss irá percorrer um longo, difícil e complexo caminho teórico e empírico no qual discute com as interpretações

---

[32] Sigaud (1999; 2007) realiza uma análise notável do processo de "canonização" do *Ensaio sobre a dádiva* a partir da antropologia social moderna lévi-straussiana na qual se destaca a elevação da "teoria da reciprocidade".

antropológicas de sua época o significado das trocas, a natureza da coisa trocada, as representações que elas envolvem, bem como explora um vasto campo de estudos geográfica e historicamente espalhados nos cinco continentes, por meio da análise comparativa. Trata-se de uma das mais significativas e profundas contribuições ao pensamento sociológico e antropológico moderno, pois nos revela um fenômeno com um nível de amplitude que o aproxima do universal, muito embora não seja homogêneo. Mauss descobriu, a partir da análise comparada de inúmeras modalidades de trocas simbólicas entre os povos das sociedades primitivas e tradicionais, o que ele batizou de *sistema de prestações totais* onde o dar, o receber e o retribuir são ações voluntárias e ao mesmo tempo obrigatórias.[33]

A dádiva enquanto sistema de relações simbólicas ora promove a aliança ora estimula a rivalidade, isso quando não faz as duas coisas simultaneamente. Basicamente, duas modalidades de dádivas, como se fossem variações de um mesmo tema, prendem em especial a atenção de Mauss: uma representada pelo *kula*, a outra pelo *potlach*. Ambas, trocas cerimoniais de presentes, representam momentos rituais e solenes de um vasto sistema de prestações totais onde dar, receber e retribuir é a regra, contudo, se diferenciam em relação ao caráter agonístico que predomina no *potlach* dos índios norte-americanos.[34] No *potlach* dos Tlingit, Haida, Tsimshian e Kwakiwutl, é mais acentuada a dimensão da honra e da rivalidade no sistema de trocas a ponto de os bens trocados serem destruídos pelos chefes indígenas. Essa

---

[33] Curiosamente, quando se tem em mente a análise de Mauss sobre *A expressão obrigatória dos sentimentos*, de 1921, é que passamos a entender melhor o caráter ambíguo que cerca o espontâneo e o obrigatório na dádiva. Afinal, como pode algo tão espontâneo quanto a emoção se revelar a expressão de uma moralidade e/ou obrigação? Compreender o caráter voluntário e ao mesmo tempo obrigatório tem sido o desafio colocado pelos associados do M.A.U.S.S., ver: Goldbout (1998; 1999) e, principalmente, Caillé (2002).

[34] Para uma compreensão mais profunda do *potlach* e do *kula*, é imprescindível a leitura do próprio Malinowski (1978) e Boas (2004), senão ao menos o próprio Mauss (1974b).

forma de dádiva pode ser vista como uma espécie de "guerra simbólica" de prestígio dos grupos frente aos aliados. No *kula*, o caráter individualizado fica evidenciado nas ações dos chefes e dos indivíduos, bem como a retribuição dos mesmos bens anteriormente doados. Em uma conhecida passagem do *Ensaio*, Mauss declara:

> Nas economias e nos direitos que precederam os nossos, não constatamos nunca, por assim dizer, simples trocas de bens, de riquezas ou de produtos no decurso de um mercado entre indivíduos. Em primeiro lugar, não são indivíduos, e sim coletividades que se obrigam mutuamente, trocam e contratam; as pessoas presentes ao contrato são pessoas morais – clãs, tribos, famílias – que se enfrentam e se opõem, seja em grupos, face a face, seja por intermédio dos seus chefes, ou seja ainda das duas formas ao mesmo tempo. Ademais, o que trocam não são exclusivamente bens e riquezas, móveis e imóveis, coisas economicamente úteis. Trata-se, antes de tudo, de gentilezas, banquetes, ritos, serviços militares, mulheres, crianças, danças, festas, feiras em que o mercado é apenas um termo de um contrato muito mais geral e muito mais permanente. Enfim, essas prestações e contra-prestações são feitas de uma forma sobretudo voluntária, por presentes, regalos, embora sejam, no fundo, rigorosamente obrigatórias, sob pena de guerra privada ou pública. Propusemo-nos chamar a tudo isso de sistema de prestações totais (1974b, p. 45).

No mundo moderno a dádiva está relacionada à dívida, voluntariamente mantida, que se apresenta como sendo o oposto do que caracteriza o mercado cujas transações são pontuais, pois se esgotam com a "conclusão" do negócio, destaca Goldbout (1998). É o que faz da dádiva, ou melhor, das transações ou trocas simbólicas, um fato moral que ultrapassa o negócio comercial. Pode-se evocar o caso dos rituais e instituições como o Natal, a esmola, o "favor", o compadrio, o messianismo, o voto de cabresto, a comida de santo, o ex-voto, as promessas, a doação de órgãos, etc., em que o fato moral se revela dominante.[35] Contudo, apesar do reconhecimento tácito de que a dádiva se faz presente no mundo contemporâneo, é, inicialmente, com cautela e desconfiança que alguns cientistas sociais são levados a questionar: a dádiva existe (ainda)? É o que se pergunta Goldbout (1999).

Engana-se, contudo, quem pensa estar Mauss preocupado apenas, única e exclusivamente, com o mundo das sociedades tradicionais e/ou primitivas. Para Sigaud, Mauss pretendeu com o *Ensaio*:

> [...] de um lado fazer uma espécie de arqueologia sobre a natureza das transações humanas, por meio da descrição de fenômenos de troca e de contrato, assim como encontrar a moral e a economia que lhe eram solidárias; de outro, mostrar que esta moral e economia funcionam ainda em "nossas" sociedades de modo constante, e daí extrair conclusões de ordem moral sobre problemas postos pela crise de "nosso direito" e de "nossa economia" (1999, p. 92).

Sabe-se que o período entreguerras foi marcado por outros episódios de repercussão mundial como, por exemplo, a Revolução Russa e o Crack da bolsa de valores, em 1929, nos Estados Unidos.[36] Assim, quando inserido no contexto histórico-cultural em que foi publicado, o *Ensaio* adquire significação especial à luz das observações de Mauss sobre guerras e dádivas nas páginas finais. Em sintonia com a militância socialista de Mauss, o *Ensaio* pode ser visto quase

---

[35] Em particular, esses exemplos têm a função de chamar a atenção para a extensão e profundidade da dádiva na cultura brasileira; ver Araújo e Mota (2002).

[36] Por esse tempo, inúmeros intelectuais, cada qual à sua maneira, nos apresentam um conjunto de temas e objetos que evocam "alternativas" à crise moral vivida no mundo dos anos pós-20. É suficiente lembrar os nomes de José Vasconcelos com a *Raza cósmica* (1925); Freud com seu *Mal-estar da civilização* (1929); Walter Benjamin com a perda da aura d'*A obra de arte na era da reprodutibilidade técnica* (1936).

como uma espécie de "manifesto pela paz" se se toma em conta a ideia de que a troca representa um princípio de aliança e contrato entre os homens.[37] Mauss pensa a dádiva como um fenômeno mais orgânico do que a simples troca; a dádiva pressupõe relação de reciprocidade. E como nos lembra Sabourin, "a reciprocidade implica a preocupação pelo outro para estabelecer o *mana*, para produzir valores afetivos ou éticos como a paz, a confiança, a amizade e a compreensão mútua" (2008, p. 135). Em termos benjaminianos, a dádiva implica a troca de experiências, intersubjetividade, o que revela a contemporaneidade e atualidade do *Ensaio* em tempos de entreguerras.[38]

> Para Mauss, a importância de sua descoberta é tal que não é suficiente constatar o fato, é preciso também tirar conclusões morais. *Voltemos ao "arcaico"*, reinventemos costumes de "despesas nobres", reencontremos a "felicidade de dar em público; o prazer do gasto artístico generoso, aquele da hospitalidade e da festa privada e pública". Rejeitando igualmente o "egoísmo de nossos contemporâneos e o individualismo de nossas leis" e o "excesso de generosidade e o comunismo", Mauss defende uma "nova moral" baseada no respeito mútuo e na generosidade recíproca e que assegure a redistribuição da riqueza acumulada: está aí, pensa ele, a condição

---

[37] De acordo com Lanna: "Ora, o argumento central do *Ensaio* é de que a dádiva produz a aliança, tanto as alianças matrimoniais como as políticas (trocas entre chefes ou diferentes camadas sociais), religiosas (como nos sacrifícios, entendidos como um modo de relacionamento com os deuses), econômicas, jurídicas e diplomáticas (incluindo-se aqui as relações pessoais de hospitalidade)" (2000, p. 175).

[38] A relação entre a dádiva e a guerra não passou despercebida a alguns intérpretes de Mauss, contudo, parece ter sido Lévi-Strauss o primeiro a explorar esta relação em 1942, quando sugeriu que "as trocas comerciais representam guerras potenciais, pacificamente resolvidas; e as guerras são o resultado de transações mal sucedidas" (1976, p. 337). Nessa linha de interpretação, ver Clastres (2004). De resto, lembra Martins: "Uma leitura atenta do *Ensaio sobre a dádiva* demonstra isso: que há uma incerteza estrutural no sistema de circulação de dádivas entre os homens, o que os leva a passarem permanentemente da paz para a guerra e vice-versa" (2005, p. 49).

da felicidade dos indivíduos e dos povos. O respeito aos princípios da honra, desinteresse e solidariedade é, como preconizado por Durkheim, possível e desejável no nível dos grupos profissionais. É também possível conceber o que seria uma sociedade onde reinassem tais princípios: adoção de legislação de seguro social (contra o desemprego, a doença e a velhice), criação de caixas de assistência social pelas empresas, estabelecimento de medidas para limitar os frutos da especulação e da usura, desenvolvimento da solidariedade corporativa. Aqui etnografia e política se encontram (1993, p. 111).

Em acordo com essa citação de Marcel Fournier, além da política e da guerra, também a economia capitalista será alvo da crítica de Mauss. Muitas vezes reduzida à visão utilitarista, na lógica da escolha racional, quando não o é pelo determinismo economicista de alguns marxistas, a "troca" se revela um fenômeno mais amplo e complexo que se inscreve no campo das relações simbólicas, morais, políticas, religiosas, etc. A análise de Marshall Sahlins (2003) sobre a sociedade capitalista moderna reforça essa hipótese. Afinal, observa o antropólogo norte-americano, o capitalismo das sociedades modernas ocidentais, antes de ser somente um fenômeno de ordem econômica, é um sistema cultural, ou seja, "o capitalismo não é pura racionalidade. É uma forma definida de ordem cultural; ou uma ordem cultural agindo de forma particular" (p. 185). Nestes termos, a produção de objetos e mercadorias no sistema capitalista pode ser vista como a sociedade se olhando no espelho da cultura.[39]

As festividades de Natal ilustram de maneira exemplar o fenômeno social da dádiva na contemporaneidade. Enquanto fenômeno social total, o Natal nos revela dimensões

---

[39] Infelizmente, não é possível explorar, nesse momento, a contemporaneidade do *Ensaio* sugerida pelas leituras de Goldbout (1999), Martins (2002), Coelho (2006) sobre o papel da dádiva no mercado, no Estado, na vida privada, na sociedade globalizada e como parte dos processos de construção de identidades e de expressão dos sentimentos, respectivamente.

econômicas, políticas, estéticas, morais, sociais, enfim, religiosas. Ao mesmo tempo, nos abre um leque de significações que envolve a família, os afetos, a comunicação, o consumo, o tempo, enfim, as possibilidades da criação de sentidos na relação dos homens entre si e com os objetos disponíveis no mercado.[40]

Embora o *Ensaio* tenha, aparentemente, ofuscado outros aspectos da obra de Mauss, o seu significado está em sintonia com a sua etnologia religiosa. Objeto central nas preocupações do "pai da etnografia francesa", a religião não pode ser apreendida separadamente do conjunto de sua obra e do conjunto das relações que a envolve. A religião não se configura um mundo à parte, extraordinário, vivido e pensado somente nos momentos ritualísticos, ao contrário, para Mauss ela integra o cotidiano, religa, simbolicamente, a realidade e o imaginário, as ações e as representações. Sua compreensão só é possível como parte de um sistema simbólico constitutivo da experiência concreta das pessoas, fenomenologicamente inscrita no mundo da vida cotidiana. Com efeito, passamos a compreender que um simples gesto habitual expressa, por vezes, mais o *ethos* religioso e a visão de mundo de um grupo social do que todo o complexo de um cerimonial rotinizado. Mauss observa, por exemplo, acerca dos rituais de ornamentação, que "usar brincos deve proteger a orelha contra toda a intrusão, não somente do mau som, mas contra toda a má intrusão, seja de que natureza for. [Isso explica por que] o comércio das jóias de âmbar é, primeiro que tudo, um comércio mágico" (1993, p. 227-228). Assim, mesmo que em "nossa sociedade, onde a religião não é mais do que uma categoria entre outras", pois "*o homo religiosus* cedeu o lugar, não ao *homo faber*, mas ao *homo*

---

[40] Em sintonia com o Natal, Maria Coelho, parafraseando Cheal, nos lembra ainda que também "os objetos ofertados na Páscoa, no Dia dos Namorados, no Dia das Mães e como conforto em ocasiões de sofrimento são bens supérfluos, ao invés de coisas de utilidade prática. Podemos, portanto, suspeitar que sua importância social seja acima de tudo simbólica, e que sua função seja expressar emoções de determinados tipos" (2006, p. 52).

oeconomicus" (1993, p. 200), Mauss nos mostra através do *Ensaio* que a presença da dádiva no mundo contemporâneo representa, tomando emprestado a Lévi-Strauss (1967) sua declaração sobre o espírito humano, a presença desse hóspede não convidado chamado símbolo. A verdade é que a dádiva apresenta afinidade com a religião no sentido mais elementar da palavra *religare*.[41]

No *homo religiosus* tudo se mistura, indivisível, ele encarna o espírito da dádiva. Nesse ponto, a dádiva evoca outras relações que, nesse momento, não podem ser aprofundadas, infelizmente. Trata-se das relações com o sacrifício e a prece, dois estudos cujo parentesco com a dádiva o próprio Mauss outrora reconheceu. Em particular, o sacrifício parece referendar a quarta obrigação, aquela feita aos "homens em vista dos deuses e da natureza" (1974b, p. 59); reconhecendo o caráter provisório e especulativo, Caillé se pergunta se não haveria ainda uma obrigação a mais ao dom. Observa o sociólogo:

> Alguns amigos ou comentadores nos chamaram a atenção com boas razões para o fato de que não se poderia compreender o dom sem o pedido, e mais que três tempos, o sistema do dom comportaria quatro, organizados em dois pares, o pedido e o dom que o atende, a recepção do dom e a sua retribuição. Note-se que é sobre a quintessência cristalizada do dom, sobre a oração, que deveria tratar a tese M. Mauss (2002, p. 304).

Nessa perspectiva, coerente com o fato social total, o *Ensaio sobre a dádiva* deve ser acompanhado do *Ensaio sobre a natureza e função do sacrifício* (1899) e da *A prece* (1909). Isso nos leva a pensar numa economia simbólica dos gestos que coloca em evidência o princípio da reciprocidade que sustenta

---

[41] *Religare*, do latim *religio*, designa a ideia de religar, a ação de ligar os homens a Deus, como também pode estar associada à ideia de ligar os homens ao passado no sentido de *relinquere*. Nesse sentido, a religião na obra de Mauss apresenta um caráter mais sociológico do que efetivamente espiritual na medida em que promove a ligação entre os fenômenos. Essas considerações também se aplicam à educação.

e regulamenta todo sistema social da dádiva. Numa clara referência durkheimiana e lévi-straussiana, imaginamos os atos de dar, de receber, de retribuir, complementados pelo ofertar e o pedir, como sendo os "gestos elementares da reciprocidade". Por trás dessa "antropologia dos gestos" encontra-se o corpo; apresentado no próximo capítulo. Mas, não é tudo ainda.

Essas considerações nos levam ao encontro da magia e da performance no pensamento de Mauss. Afinal, observa Lévi-Strauss, o *Ensaio sobre a dádiva* começa de onde parou o *Esboço de uma teoria da magia*, de 1903.

O verbo e o gesto

Marcel Mauss tem sido considerado o legítimo herdeiro intelectual de Émile Durkheim e, como tal, o principal representante do holismo metodológico. Tal abordagem prioriza o plano das representações sociais e sua força coercitiva sobre os indivíduos, deixando pouco espaço para as ações sociais individuais. Contudo, este argumento parece longe de ser correto quando se reavaliam algumas teorias etnológicas de Mauss. A verdade é que mais do que simples agentes na execução e/ou reprodução das determinações da ordem moral e social, os homens concretos e suas ações simbólicas ocupam um lugar especial no interior de sua obra.[42]

Sob o plano das representações sociais encontra-se a abordagem interacionista de Mauss, reconhecida por vários de seus intérpretes, deixando entrever em sua obra a abertura a uma teoria da ação social que se prenuncia desde seus estudos iniciais sobre a magia culminando na análise das técnicas corporais nos anos 1930. Não se nega, evidentemente, o peso da tradição e do sistema de crenças na constituição da magia; Mauss é categórico a este respeito quando lembra que: "o mágico australiano é o que ele é, sente o que ele sente, trata a si mesmo como ele o faz, e é tratado como ele

---

[42] Martins (2008) destaca a perspectiva interacionista de Mauss; tese que ratifica a minha intuição sobre a inscrição de uma teoria da ação simbólica e da performance na etnologia de Mauss .

é tratado, porque, para ele e para os outros, é um ser que a sociedade determina e leva a agir como seu personagem" (1979, p. 101). O mágico é, portanto, o resultado das representações coletivas de uma dada sociedade. Mas, quando avançamos em sua teoria da magia, descobrimos (no sentido de pôr a descoberto) uma forma de agência.[43]

O mágico goza de relativa liberdade na hora de dramatizar seu papel; sua performance revela um ser "outro", observa Mauss:

> O mágico é um ser que se acreditou e se colocou, ao mesmo tempo que o acreditaram e o colocaram, como único. Nós o vimos, num determinado número de sociedade australiana, confundir-se definitivamente com o espírito que o inicia. Nós o vimos, em todas as outras, obter certas qualidades, em geral materializadas numa substância mágica (pedras, ossos, etc.), cuja posse, espiritual e mística, o faz se assemelhar ainda mais intimamente aos espíritos do que aos outros mortais. Freqüentemente, toda a sua personalidade foi renovada no decorrer dos ritos, ou então ele próprio se sentiu renovado no decorrer de seus êxtases tradicionais. Hesitamos em dizer que ele tenha uma alma a mais, ele só a tem em parte e algumas vezes, em algumas sociedades; a verdade é que ele tem sempre uma vida, uma faculdade mítica inteiramente nova. Ele se tornou, ele permanece, e é obrigado a permanecer, um outro (1979, p. 100).

Esta condição "outra" do mágico é de fundamental importância para a compreensão da magia no pensamento etnológico de Mauss, assim como o avanço que ela representa quando vista em perspectiva comparada à produção da época.

Não fazia muito tempo que a versão resumida de *O ramo de ouro*, de *Sir* James George Frazer, tinha sido editada (1922), livro no qual o antropólogo inglês confere à magia um lugar primitivo (primeiro) na escala evolucionista da humanidade.

---

[43] Sobre a teoria da agência, ver Ortner (2007).

As palavras de Frazer sobre a magia não deixam dúvida quanto à sua inferioridade, afinal, "a magia é um sistema espúrio de lei natural, bem como um guia enganoso de comportamento: é tanto uma falsa ciência quanto uma arte abortiva" (1982, p. 34). Outros antropólogos engrossariam o coro dos preconceitos quanto às representações da magia no pensamento científico da virada do século 19. Por exemplo, Raymond Firth (1978), em capítulo dedicado à "Razão e desrazão nas crenças humanas", apresenta um sistema de classificação no qual a magia é pensada a partir de sua funcionalidade em fornecer uma resposta mais ou menos satisfatória às situações de incerteza. Nestes termos, o antropólogo inglês nos apresenta, inicialmente, a seguinte definição da magia: "rito e fórmula verbal, que projetam os desejos do homem para o mundo exterior, de acordo com uma teoria de controle humano em favor de algum fim concreto, teoria esta baseada em falsas premissas" (p. 154). O autor elabora, então, um quadro classificatório no qual são hierarquizados os tipos de magia e seus fins práticos, sendo três os tipos básicos de magia: 1) produtiva, com fins a obter caça, produzir chuva, conquistar amor, etc.; 2) protetora contra desgraças, doenças, etc.; intermediando a magia protetora e a magia destruidora encontra-se a bruxaria, que pode ser vista ora como boa ora como má; 3) magia destruidora, também definida como feitiçaria maléfica, visa causar a morte, destruir propriedades, etc. O entendimento da magia como um rito oral também foi destacado por Malinowski em um estudo magnífico sobre "o problema do significado em linguagens primitivas". Para o "pai da antropologia moderna", a fala ocupa um lugar especial no ritual da magia, pois observa o antropólogo:

> A palavra confere poder, permite ao indivíduo exercer influência sobre um objeto ou uma ação. O significado de uma palavra resulta da familiaridade, da capacidade de uso, da faculdade de vociferar, como no bebê, ou da prática direta, como no homem primitivo. A palavra é sempre usada em direta conjunção ativa com a realidade

que ela significa. A palavra atua sobre a coisa e a coisa solta a palavra na mente humana. Isso, com efeito, é nada mais nada menos do que a essência da teoria subjacente no uso da magia verbal (1976, p. 318).

Com efeito, o poder da fala e da palavra não estão restritos ao mundo dos ritos mágicos, haja vista a definição de Mauss para *A prece*: "um rito religioso, oral, diretamente relacionado com as coisas sagradas" (1981, p. 273). Advertem os filósofos e antropólogos que a palavra é portadora de poderes mágicos (e políticos) na medida em que não só descreve a realidade, mas se constitui realidade.[44] Daí, o canto, os ritos encantatórios, as performances verbais dos feiticeiros, pajés, xamãs, enfim, dos sacerdotes, apresentarem alto valor simbólico na constituição do sagrado. Nos termos de Mauss, significa dizer que a palavra tem *mana*; ou, como na tradição judaico-cristã, o *Verbo* constitui o princípio que torna a vida possível.

José Carlos Pereira que, nos últimos anos, tem se dedicado ao estudo da etnologia religiosa de Mauss, ressalta as dificuldades e interações que religião e magia apresentam no pensamento do autor e conclui: "as representações coletivas que encontramos na religião tiveram suas origens na magia, o que nos autoriza a afirmar [a partir da referência ao texto de Mauss sobre *As origens mágicas das técnicas e das ciências*], pelo menos neste caso estudado, que a magia e a religião ainda mantêm estreitos vínculos" (2007, sem paginação). De fato, como demonstra o autor, religião e magia apresentam mais afinidades no pensamento de Mauss do que se imagina. Por definição, podemos dizer que a religião tem um fundo mágico.[45]

---

[44] A este respeito ver: Lévi-Strauss (1967); Austin (1990); Clastres (1990); Turner (2005; 2008). Paul Ricœr (1988) oferece uma explicação a mais para o poder das palavras quando as localiza no espaço intermediário entre a estrutura da língua e o acontecimento da fala. Essa condição liminar garante parte de sua eficácia simbólica.

[45] Pereira lembra ainda que, "para Durkheim, as forças que fundam o social estão na religião, enquanto para Mauss encontram-se na Magia" (sem paginação). A distinção entre religião e magia não é fácil e, antes de revelar objetos distintos, se apresenta como problema de ordem epistemológica. Pode-se questionar se essa distinção é o resultado do legado evolucionista que, nos termos de

Mas deixemos ao próprio Mauss mostrar o quanto a magia e a religião estão enredadas, se se pode dizer, numa "teia de significados" tecida pelos próprios nativos. O longo trecho abaixo ilustra um dos muitos momentos em que Mauss reconhece a interação e a dificuldade em estabelecer os limites entre ambas:

> Estes dois extremos formam, por assim dizer, os pólos da magia e da religião: pólo do sacrifício, pólo do malefício. As religiões criam sempre uma espécie de ideal para o qual sobem os hinos, os votos, os sacrifícios e que as interdições protegem. Tais religiões são evitadas pela magia. Esta tende ao malefício, em torno do qual se agrupam os ritos mágicos e que é o elemento que fornece sempre os primeiros traços da imagem que da magia a humanidade formou. Entre esses pólos espalha-se uma massa confusa de fatos, cujo caráter específico não é imediatamente aparente. [...] De momento, aceitaríamos até mesmo a definição de Grimm, que considerava a magia "uma espécie de religião feita para as necessidades elementares da vida doméstica". E, seja qual for o interesse que para nós apresenta a continuidade da magia e da religião, importa, agora, antes de tudo, classificar os fatos e, para isso, enumerar um certo número de características exteriores pelas quais seja possível reconhecê-los. Pois seu parentesco não impediu as pessoas de sentirem a diferença entre as duas espécies de ritos e de os praticarem de modo a patentear que a sentiam. Devemos, portanto, procurar sinais que nos permitam submetê-los a uma triagem (1974a, p. 51).

Sem perder de vista a interação entre magia e religião, ainda assim Mauss entende tratar-se não de fenômenos diferentes, mas de rituais com funções simbólicas distintas. Essas distinções são didaticamente apresentadas no *Manual de etnografia* (1993), pois ali, após chamar a atenção para

---

Dumont (1992), atribui à religião qualidades superiores frente à magia. Sem uma perspectiva heurística, tal sistema de classificação, muitas vezes, tem nos impedido de ver nas religiões modernas sua dimensão mágica. O fato é que, sem a magia, a religião não passa de um rito destituído de eficácia simbólica.

a natureza moral, jurídica, estética, técnica e mágica da religião, e dividi-la em três níveis: *stricto sensu*; *lato sensu*, com o qual se aproxima da magia; e superstições, Mauss passa a caracterizar os tipos de agentes (o mágico), os atos (os ritos) e as representações (em torno da natureza e do sobrenatural). Para ele, a natureza coletiva da religião, sua organização institucional na forma da igreja, seu caráter regular e rotineiro na forma das rezas e das missas, sua qualidade metafísica no campo da filosofia, fazem da religião um fenômeno relativamente distinto e autônomo da magia, cujas características principais são: sistema no qual prevalece ação individual (mas nem por isso deixa de ser social), qualidade irregular e anormal e aproximação com o que Lévi-Strauss (1989) chamou de "ciência do concreto". Contudo, ambas convergem para o terreno comum dos ritos e do sagrado, o que, nos termos do próprio Mauss, significa dizer que os ritos mágicos e os ritos religiosos "são espécies do mesmo gênero, entre os quais há uma solução de continuidade (1981, p. 268), sendo o *mana* categoria comum a ambas.

A ênfase de Mauss nos ritos, apontada por Sigaud (1999; 2007) e Pereira (2005; 2007), é, ao lado do reconhecimento da força do *mana*, a base de toda sua teoria simbólica do sagrado. "É o *mana* do mágico que age pelo *mana* do rito sobre o *mana* do *tindalo* o que abala outros *mana*, e assim por diante", observa Mauss (1974a, p. 141). Ou seja, uma cadeia de ações e reações desencadeadas pelo rito nos leva ao *mana*, que por sua vez nos leva ao sagrado. Assim, ao centrar sua atenção nos rituais, conferindo-lhes um lugar especial na vida social, Mauss atinge, em última instância, o sagrado. A compreensão do social passa antes pela compreensão do ritual que, por sua vez, permite a compreensão do sagrado com base na apreensão do *mana*. Neste ponto, Mauss retoma a teoria do sagrado de Durkheim nas *Formas elementares da vida religiosa*, mas a amplia na medida em que deposita agora na magia a força motriz da ação simbólica que, dramatizada nos ritos, permite a passagem para a perspectiva de uma teoria da performance. Assim, a visão do rito como um sistema complexo de atos simbólicos através do qual a sociedade se recria, se repensa, se comunica, enfim, se reestrutura, representa um convite à ampliação da própria ideia que fazemos do homem. Nesta perspectiva, em reforço à interpretação de Pereira, para quem Mauss pensa o homem como sendo um "animal de ritos", sugerimos que se veja na abordagem de Mauss o homem como um *performing animal*".

A conclusão de Mauss no *Esboço de uma teoria geral da magia* abre a possibilidade de uma aproximação do campo de estudos da magia e do ritual com a antropologia da performance. Muito embora o rito assuma no pensamento de Mauss a qualidade de uma estrutura que fornece o sentido à ação social do indivíduo como no caso da prece, paradoxalmente, é por meio do ritual que se pode apreender a abertura a uma antropologia da performance. É que, mesmo no caso da prece, o gérmen da ação encontra-se ativo no processo ritual, declara Mauss: "A oração é uma palavra. Ora, a linguagem é um movimento que tem uma meta e um efeito; no fundo, *é sempre um instrumento de ação*. Mas age exprimindo idéias, sentimentos que as palavras traduzem externamente e substantivam. Falar é, ao mesmo tempo, agir e pensar: eis porque a prece depende, ao mesmo tempo, da crença e do culto" (1981, p. 230; grifo meu). As relações com a natureza e o sobrenatural (o mundo dos espíritos) fazem do mágico um ser especial com qualidades extraordinárias. Contudo, seu poder é o tempo todo colocado à prova na medida em que é submetido ao "tribunal da opinião pública". É a sociedade quem testa e atesta a autoridade do mágico, afinal, "não há mágico honorário e inativo. Para ser mágico, é necessário fazer magia", observa Mauss (1974a, p. 116). O mágico é alguém que faz. A magia para Mauss, numa definição, é uma "idéia prática" (p. 121). Seguindo as pistas de Mauss, Lévi-Strauss (1967) batizou a todo este processo de legitimação e performance do mágico: eficácia simbólica.[46]

---

[46] A expressão eficácia simbólica ficaria consagrada com Lévi-Strauss (1967) em texto com o mesmo título, mas em *O feiticeiro e sua magia* o antropólogo

Se, por definição, a magia é, pensa Mauss, "objeto de crença", em complemento a esta definição pode-se sugerir que, por natureza, ela é também "objeto da ação".

A magia é essencialmente uma arte de fazer e os mágicos utilizaram com cuidado seu *savoir-faire*, seus gestos, sua habilidade manual. É o domínio da produção pura, *ex-nihilo*; faz com as palavras e os gestos o que as técnicas fazem com o trabalho. Por felicidade, a arte mágica não gesticulou sempre no vazio, pois tratou materiais, fez experiências reais e até descobertas (1974a, p. 169).

Assim, se de um lado não se nega o caráter prescritivo do ritual, do outro, se evidencia a dimensão da ação por meio da eficácia da palavra e dos gestos no sistema de crenças e nos rituais da magia no pensamento de Mauss. Esta é também a percepção de Caillé em sua *Antropologia do dom*, para quem:

[...] o lance genial de Mauss foi o de ter reintroduzido no seio do holismo do seu tio [Durkheim] – que caracterizava, como se sabe, o fato social pela obrigação – essa parte da liberdade e de individualismo que este último almejava, ele mesmo, aliás, sem porém conseguir pensá-la de maneira satisfatória. A obrigação que o dom nos impõe é de fato uma espécie de exortação, seríamos tentados a dizê-lo, uma exortação à ação, no sentido que Hannah Arendt dava a este termo. Ela é portanto igualmente, no quadro dos limites estabelecidos por toda sociedade, uma exortação à individuação e à manifestação pessoal. E se em toda sociedade, em um momento dado, é o peso dos hábitos e do ritual que parece predominar, bem se pode ver que, a longo prazo, e na escala da história, é

---

francês destaca que: "a eficácia da magia implica a crença da magia, e que esta se apresenta sob três aspectos complementares: existe, inicialmente, a crença do feiticeiro na eficácia de suas técnicas; em seguida, a crença do doente que ele cura, ou da vítima que ele persegue, no poder do próprio feiticeiro; finalmente, a confiança e as exigências da opinião coletiva, que informa a cada instante uma espécie de campo de gravitação no seio do qual se definem e se situam as relações entre o feiticeiro e aquele que ele enfeitiça" (p. 194-195).

a liberdade que triunfa e desfaz todo instituído abrindo sem cessar novos campos de possibilidades, irredutíveis às prescrições oblativas originais. O dom é o agente dos possíveis sociais e históricos (2002, p. 19-20).

A relação entre a dádiva e a magia representa uma abertura ou um convite para que se pense numa teoria da ação simbólica no pensamento etnológico de Mauss. A ênfase dada por Mauss às trocas simbólicas, à circulação dos bens, às técnicas corporais, aos processos rituais creditam essa possibilidade. Contudo, essa abordagem deve ser vista à luz das mudanças sociais e históricas no pós-guerra. Especificamente, a morte de Mauss em 1950 coincidiu com o início de grandes transformações no campo da antropologia moderna.[47]

Mauss antecipou, em parte, a proposta da antropologia da performance não só porque, primeiro, sempre nutriu uma preocupação especial com o campo de estudos da magia e do ritual, além de sua ênfase no plano da realidade concreta, mas também porque seus estudos sobre a pessoa, os sentimentos e as técnicas corporais, sem abandonar o campo das representações, se aproximam de uma perspectiva metodológica com ênfase na ação simbólica. A formulação do "homem total" (biológico, psíquico e sócio-histórico) incorporado nas "técnicas corporais", nas "expressões obrigatórias dos sentimentos" e na "noção de pessoa, noção de eu" parece ratificar essa ideia. De resto, pode se dizer que por meio do corpo

---

[47] Se, de um lado, Lévi-Strauss apresentava as bases da antropologia estrutural com a publicação d'*As estruturas elementares do parentesco* (1949), do outro, a antropologia pós-guerra desenvolvida em Manchester, encabeçada por Max Gluckmann, abria-se aos estudos dos "dramas sociais" e da análise situacional a partir do trabalho dos antropólogos Van Velsen e Victor Turner, entre outros. Do outro lado do Atlântico, nomes como Clifford Geertz e Marshall Sahlins iniciavam suas trajetórias de sucesso reavaliando, sobretudo, o conceito de cultura; ver Langdon (1999). Todo esse processo seria acompanhado das manifestações no campo da sociologia fenomenológica de Shcutz e Goffman, as artes do corpo, o Movimento Situacionista, etc. Para Martins (2008), desde os anos 1920, Mauss distanciava-se da sociologia de Durkheim em direção a uma perspectiva interacionista, isto é, mais focada no indivíduo, nas ações sociais e no corpo, prenunciando assim o *"homo performans"*.

Mauss revelava o homem em sua concretude como "*homo performans*". Tomando emprestado a Turner sua definição:

> Se o homem é um animal sábio, um animal fabricante, um animal que faz a si mesmo, um animal que usa símbolos, ele é, não menos, um animal performático. *Homo performans*, não no sentido, talvez, que pode ter a performance do animal de circo, mas no sentido que o homem é um animal que se auto perfaz – sua performance é, nesse caso, *reflexiva*, sua performance revela ele para ele mesmo (1988, p. 81).

Todo esse percurso nos conduz ao próximo capítulo, portanto, ao mundo concreto do homem total, às técnicas corporais, à inscrição simbólica da realidade social, ao significado da educação, na etnologia de Mauss.

| Capítulo III

Homo *educandus*

> *O homem é um animal que faz coisas*
> *razoáveis a partir de princípios não*
> *razoáveis e que parte de princípios*
> *sensatos para fazer coisas absurdas.*
>
> Marcel Mauss

Fato social total

"O homem é um animal rítmico" (1993, p. 93).

Esta definição condensa o argumento desenvolvido no capítulo anterior, segundo o qual Mauss reservou à ação simbólica um lugar especial em sua etnologia. Nesta perspectiva, pode-se pensar então o homem como sendo mais do que um "performing animal", senão um ser estético que faz do seu corpo um fato privilegiado no conjunto de sua antropologia do concreto.

O corpo é central na antropologia de Mauss na medida em que se apresenta como a inscrição fenomenológica de seu pensamento. O corpo é a medida empírica do concreto, o que faz do homem um ser de "carne e osso", e não uma abstração. Basta lembrar seu apelo insistente quanto ao fundamento concreto dos fatos etnográficos em sua "aula inaugural" de 1902; ou então, sua advertência em conclusão ao *Ensaio sobre a dádiva* segundo a qual, após destacar a objeção dos historiadores aos sociólogos de que fazem abstrações em demasia, é preciso "observar o que é dado. Ora o dado é Roma, é o francês médio, é o melanésio dessa ou daquela ilha, e não a prece, ou o direito em si" (1974b, p. 181). Por detrás do homem concreto, do "francês médio" ou do "melanésio dessa ou daquela ilha" é que Mauss descobre o "homem total", ao mesmo tempo biológico, psíquico e sócio-histórico. Sem perder de vista o singular, o local, encontra-se, teoricamente, o completo, o universal. Com efeito, era superada a distância produzida pela perspectiva evolucionista com sua concepção estratigráfica do homem, nos termos de Geertz (1989), quando a etnografia se mostrava o caminho principal na produção do conhecimento sobre o homem total. Mauss confiou ao corpo um lugar central em suas análises da magia, do sacrifício, da prece, das expressões obrigatórias do sentimento, da dádiva, das técnicas corporais e até mesmo no processo de construção do "eu" no indivíduo moderno. Pode-se mesmo dizer que, talvez, o corpo sim é o fenômeno social total da antropologia de Mauss. Mas é como resultado de um amplo e complexo processo educacional que o corpo (e as técnicas corporais) deve ser pensado.[49]

"O corpo, a consciência individual e a coletividade; é a própria vida, é o homem todo, é sua vontade, seu desejo de viver ele mesmo sua vida, que devem ser considerados do ponto de vista dessa trindade" (1981, p. 334), observa Mauss.[50] Na verdade, a compreensão do corpo, do "eu" e da sociedade expressa um programa antropológico no qual o concreto, o simbólico, o corpo nos leva ao *homo educandus*, ou seja, ao fato social total de que o homem é um ser que se faz ou se *per faz* por meio da educação.[51]

---

[49] O reconhecimento do corpo e suas técnicas como resultado da educação é partilhado por Clastres (1990), Rodrigues (1997; 2000), Rigoni e Pródócimo (2007), entre outros.

[50] Como se sabe, Durkheim pensa o homem como *homo duplex*, dividido em corpo e alma; em Mauss ele é, segundo Lévi-Strauss, tridimensional. Nos termos do próprio Mauss, as técnicas corporais, as expressões obrigatórias dos sentimentos e a noção de "eu" convergem para uma compreensão orgânica do homem como "homem total".

[51] Lembrando que o radical *per* que forma performance significa experiência.

HOMO EDUCANDUS

Nesse ponto, Mauss se aproxima de Durkheim, porém, diferentemente do tio, nosso etnólogo não produziu obra específica sobre a educação, sendo sua própria obra autorreferencial sobre o fenômeno da educação. Dispersa em sua obra, a educação, para Mauss, encontra-se em todos os momentos da vida e em todos os ambientes sociais, muito embora esteja, especialmente, voltada para interação geracional. Assim, numa definição, "pode-se chamar *educação (ou instrução) os esforços conscientemente feitos pelas gerações para transmitir suas tradições a outra*. Pode-se também dar este nome, menos abstratamente, *à ação que os mais velhos exercem sobre as gerações* que se apresentam cada ano para moldá-las *com respeito a eles mesmos*, e, secundariamente, *para adaptá-las aos meios social e físico deles*" (1983, p. 121-122; grifo do autor). Para Mauss a educação está intimamente relacionada às experiências concretas dos homens e ao processo de transmissão da cultura. Sem perder de vista o condicionamento da morfologia social, é por meio dos ritos, das representações, dos sentimentos, das técnicas corporais, enfim, da dádiva, que o homem ensina e aprende a sua cultura.

A compreensão do papel da educação na cultura e na formação do homem nos leva a pensar antes na constituição simbólica da realidade social à luz do "pensamento concreto" de Mauss.[52]

O pensamento concreto

Há uma longa tradição de estudos antropológicos sobre o simbolismo nos sistemas culturais, religiosos, cosmológicos, míticos, políticos, das sociedades primitivas e contemporâneas, da qual fazem parte nomes como: Edmund

---

[52] O concreto, a liberdade, o tempo, o espaço, a pessoa adquirem, no pensamento de Mauss, a qualidade de categorias do entendimento humano, e que são definidas por Durkheim como a "ossatura da inteligência", cuja função é "dominar e envolver todos os outros conceitos" no quadro da vida mental (1989, p. 518).

Leach (1910-1989), Mary Douglas (1921-2007), Victor Turner (1920-1983), Abner Cohen (1921-2001), Eric Wolf (1923-1999), Clifford Geertz (1926-2006) e Marshall Sahlins (1930-). De um modo geral, a antropologia simbólica representa um esforço de superação da visão funcionalista de Bronislaw Malinowski (1884-1942) ou o materialismo cultural de Marvin Harris (1927-2001), para quem cultura e simbolismo são resultados do processo adaptativo do homem e da sociedade ao meio e às necessidades biológicas vitais. Assim, quando em 1962, após avaliar o caminho percorrido por Radcliffe-Brown na interpretação do totemismo, Lévi-Strauss (1989) admitia que "as espécies animais antes de serem boas para comer são boas para pensar", ele ampliava e aprofundava a distância entre os defensores do simbolismo e do utilitarismo na exata medida em que se aproximava do campo da linguagem: ponto de partida da sua crítica a Marcel Mauss.

Embora o *Ensaio* forneça uma explicação sociológica que procura ultrapassar o plano da observação empírica visando alcançar realidades mais profundas do pensamento científico, para o "pai do estruturalismo francês" Mauss não ultrapassou o nível da teoria nativa. Numa evocação à imagem bíblica de Moisés, Mauss também "conduziu seu povo até uma terra prometida cujo esplendor ele mesmo não contemplaria jamais" (1974b, p. 24), dirá Lévi-Strauss. Permanecendo a meio caminho da empiria e da teoria antropológica propriamente dita, Mauss teria se deixado seduzir pela "teoria do *hau*" na explicação do nativo maori Tamati Ranaipiri fornecida ao etnógrafo Elsdon Best, uma das fontes consultadas no *Ensaio sobre a dádiva*.

Para os maori, os *taonga* ("objetos") estão fortemente ligados às pessoas e por isso são portadores de *hau* ("espírito"). Assim, junto com o presente (*taonga*) dado a alguém, ele mesmo uma "espécie de indivíduo" senão extensão de uma "pessoa", se impõe a obrigação da retribuição, posto que o *hau* deseja retornar ao dono original. Mauss, então, explica o "espírito da dádiva" nos seguintes termos:

Compreendemos clara e logicamente, nesse sistema de idéias, que é preciso retribuir a outrem aquilo que, na verdade, é parcela de sua natureza e substância, pois aceitar alguma coisa de alguém é aceitar alguma coisa de sua essência espiritual, de sua alma: a conservação desta coisa seria perigosa e mortal, e isso não simplesmente porque seria ilícita, mas também por que esta coisa que vem da pessoa, não só moralmente, mas física e espiritualmente, esta essência, este alimento, estes bens, móveis e imóveis, estas mulheres ou estes descendentes, estes ritos ou estas comunhões, dão uma ascendência mágica e religiosa sobre o indivíduo. Enfim, esta coisa dada não é coisa inerte. Animada, amiúde individualizada, tende a regressar àquilo que Hertz chamava de seu "lar de origem" ou a produzir, para o clã e o solo de onde saiu, um equivalente que a substitua (1974b, p. 56).

Para Lévi-Strauss, Mauss confundiu as categorias nativas com a explicação científica. Em outras palavras, confundiu os fenômenos que desejava explicar com as representações que os nativos fazem dele.[53] Na explicação de Lévi-Strauss, "o *hau* não é a última razão da troca: é a forma consciente pela qual os homens de uma sociedade determinada, onde o problema tinha peculiar importância, aprenderam uma necessidade inconsciente cuja razão está alhures" (1974, p. 25-26). Assim, as categorias nativas (*mana, hau, orenga, wakan* são da mesma natureza) não explicam os fenômenos religiosos, mágicos ou o sistema de trocas simbólicas, antes são parte destes fenômenos. O que, de fato, explica a eficácia simbólica destas categorias é que elas são inscrições do pensamento simbólico. Para Lévi-Strauss, o pensamento simbólico expresso na linguagem (do totemismo, dos mitos, das artes, etc.) designa o inconsciente do espírito humano, então, o *mana*, o *hau*, o *orenda*, o *wakan* são as expressões conscientes ("significantes flutuantes") de uma função semântica

---

[53] Voltava para Mauss a crítica feita por ele, outrora, aos estudiosos da prece.

cuja estrutura encontra-se depositada na linguagem. Nessa perspectiva, o *mana* e as categorias nativas correlatas nada mais são do que o símbolo em estado puro, cujo valor é zero. Essa condição é o que lhe permite ser, ao mesmo tempo, ação e representação, qualidade e estado, adjetivo e verbo, abstrato e concreto, onipresente e localizado.[54]

A verdade é que Mauss já havia percebido essa "natureza do símbolo" tempos atrás e a enunciou no *Esboço de uma teoria da magia*:

> Essa noção [*mana*] é, na verdade, a condição mesma da experimentação mágica e permite a interpretação dos fatos mais desfavoráveis em benefício do preconceito. De fato, escapa ela mesma a todo exame. É dada *a priori*, previamente a toda experiência. Falando adequadamente, não se trata, com efeito, de uma representação da magia como o são a simpatia, os demônios, as propriedades mágicas, e sim do que rege as representações mágicas, do que é a condição destas e a sua forma necessária. Ela funciona como uma categoria, tornando possíveis as idéias mágicas como as categorias tornam possíveis as idéias humanas. Este papel, que lhe atribuímos, de categoria inconsciente do entendimento, justamente se expressa pelos fatos. Vimos como é raro ela atingir a consciência e como é ainda mais raro que na consciência encontre sua expressão. É que uma noção como a de *mana* é inerente à magia, como o postulado de Euclides é inerente à nossa concepção de espaço (1974a , p. 147).

Mauss não abandonou em momento algum de suas análises o mundo da vida cotidiana ou o plano da realidade concreta na busca do "espírito humano", como deseja Lévi-Strauss. Numa aproximação com a abordagem fenomenológica, reconhecida por vários intérpretes de Mauss, Roberto

---

[54] Merece aprofundamento a ideia segundo a qual Lévi-Strauss busca a origem simbólica da sociedade, ao passo que Durkheim e Mauss estavam interessados no desenvolvimento da teoria sociológica do simbolismo.

C. Oliveira destaca que "ao contrário de uma abordagem estruturalista – que esvazia o real do *vivido* pelos agentes – Mauss realiza uma interpretação bastante rica, indo além da 'interpretação nativa', mas sem suprimi-la" (1979, p. 34). Para o antropólogo brasileiro, apoiando-se em Claude Dubar, Mauss aproxima-se do método de Marx em sua *Introdução à crítica da economia política*, quando transpõe o nível do concreto figurado ao atingir o concreto pensado, dando um salto dialético na compreensão do fenômeno da dádiva. Ou, nos termos do autor:

> O concreto que Mauss convida a alcançar não é o concreto figurado tal como ele se apresenta no início da pesquisa, antes que a definição provisória tenha estabelecido a ruptura epistemológica tornando possível a explicação científica. É exatamente este concreto pensado, esta "síntese de múltiplas determinações" que constitui o fato social total (p. 35-36).

Antes de Mauss ter sido "enfeitiçado" pelos fenômenos que estudava, pode-se dizer que ele desenvolveu uma "teoria etnográfica" da dádiva na qual o simbólico ganha significação especial no processo de constituição da realidade social. E mais, como sugere Goldman (2006), uma teoria etnográfica se aproxima do pensamento selvagem cuja importância, nos mostra Lévi-Strauss (1989), reside no fato de o pensamento não estar separado da experiência sensível, portanto, do mundo concreto da vida cotidiana.[55]

Os diálogos de Mauss com a psicologia (1974a; 1981; 2010) mostram o quanto ele estava atento aos fatos da consciência e das expressões dos sentimentos na constituição da pessoa. Assim, o corpo, entendido como misto de técnica tradicional, razão e sensibilidade, surge como símbolo natural (DOUGLAS, 1988) que nos leva à educação. Nesse sentido, o

---

[55] Também Reinhardt (2006) pensa Mauss como alguém que foi capaz de "ser afetado" pela dádiva, o que em termos teóricos representa um salto epistemológico.

foco na "educação do corpo", sugere Rodrigues (1997; 2000), se revela um caminho fecundo para se apreenderem aspectos da educação em casa, na escola e/ou na rua, afinal, crianças e adolescentes ainda se mostram, ontologicamente, próximos do pensamento selvagem, do concreto, enfim, do simbólico.[56]

A instituição simbólica da realidade

Para Mauss, o concreto não se contrapõe ao simbólico, haja vista, o corpo, no dizer de Mauss, "o primeiro e mais natural instrumento do homem" (1974b, p. 217), ser também um dos objetos mais carregados de simbolismo. Assim ocorre com outros objetos do mundo concreto em geral.

O sociólogo francês Alain Caillé observa que "símbolos e dons são sem dúvida para Mauss idênticos. Ou pelo menos coextensivos" (2002, p. 37). O autor de *Antropologia do dom* se pergunta ainda: "não deve um paradigma do dom ser imediata e igualmente um paradigma do simbolismo? E a identificação desses dois paradigmas não supõe que se compreenda não apenas o dom como uma realidade de ordem simbólica, mas também e mais profundamente, o simbolismo como uma realidade intrinsecamente ligada ao dom?" (p. 221). Na verdade, a relação entre dádiva e símbolo se mostra ampla e profunda no pensamento de Mauss. Pode-se começar destacando-se que dádiva e símbolos são veículos de comunicação entre os homens. No texto *Relações reais e práticas entre a psicologia e a sociologia*, de 1924, Mauss escreve:

> Há muito que Durkheim e nós ensinávamos que só há comunicação, e especialmente, comunicação humana, através de símbolos, de sinais comuns, permanentes, exteriores aos estados mentais individuais que simplesmente são sucessivos, através de sinais de grupos de estados considerados a seguir como realidades [...] Há muito pensávamos que uma das características dos

---

[56] Questões relacionadas a gênero, sexualidade, esportes, brincadeira, moda, subjetividade, autonomia, etc., estão presentes nesse momento.

fatos sociais é precisamente o seu aspecto simbólico. Na maioria das representações coletivas, já não se trata de uma representação única de uma única coisa, e sim de uma representação escolhida arbitrariamente, ou mais ou menos arbitrariamente, para significar outras e comandar práticas (1974a, p. 190).

Do ponto de vista epistemológico, o símbolo promove não só a comunicação entre os homens, mas também a comunhão, afinal, a etimologia da palavra sugere uma aproximação com a religião. "O símbolo é um selo", sintetiza Caillé (p. 236), e tem como função promover o vínculo entre os homens seja no plano horizontal das relações sociais formando alianças, seja no plano vertical das relações históricas edificando tradições. O mundo concreto não é destituído de magia. Com efeito, a obrigação de retribuir uma dádiva abre a possibilidade de a história continuar existindo na medida em que se vincula o presente ao passado ao mesmo tempo que se cria um compromisso com o futuro. Nesta perspectiva, presume-se que o fim da dádiva coloca em risco o sentido da história.[57]

Vistos como espécie de "grau zero da cultura", os símbolos são, ao mesmo tempo, operadores de pensamento e ação, veículos de emoção. Nesse caso, é suficiente lembrar a expressão obrigatória das lágrimas nos rituais de morte australiano. Como também sugere Turner em seus estudos, os símbolos carregam tanto um *status* ontológico quanto uma dimensão cognitiva: "ponha a cabeça de um homem no corpo de um leão e você pensará sobre a cabeça humana em termos abstratos" (2005, p. 151). Sem dúvida, por meio dos

---

[57] É preciso dizer que, talvez, o sentido da eficácia simbólica da dádiva no pensamento de Mauss reside menos na canonização do passado, no tempo em que os homens eram generosos, honrados e felizes, do que em garantir o mínimo de humanidade e existência do futuro. De certa forma esta é também a intuição de Martins, para quem "há no próprio *Ensaio...*, e em outros textos do Mauss, uma leitura teórica alternativa menos voltada à explicação das sociedades tradicionais do que correlacionada com a modernidade" (2008, p. 116).

símbolos, organizamos, expressamos e classificamos nossas ideias e nossas emoções, produzindo um sentido para a vida, uma ordem para o cosmo.[58]

Neste sentido, as representações, as ideias e categorias de pensamento, bem como as emoções, os sentimentos obrigatórios, gozam do mesmo estatuto epistemológico. São concretas na medida em que têm uma história, pertencem a uma tradição, portanto, orientam, ainda que "inconscientemente", a conduta dos homens e suas ações simbólicas. Nesse caso, a conclusão de Mauss em *A expressão obrigatória dos sentimentos*, de 1921, é exemplar:

> Mas todas as expressões coletivas, simultâneas, de valor moral e de força obrigatória dos sentimentos do indivíduo e do grupo, são mais que meras manifestações, são sinais de expressões entendidas, quer dizer, são linguagens. Os gritos são como frases e palavras. É preciso emiti-los, mas é preciso só porque todo o grupo os entende. É mais que uma manifestação dos próprios sentimentos, é um modo de manifestá-los aos outros, pois assim é preciso fazer. Manifesta-se, exprimindo aos outros, por conta dos outros. É essencialmente uma ação simbólica (1979, p. 153).

Nessa perspectiva, a violência que invade hoje o cotidiano das sociedades contemporâneas em geral e, em particular, do mundo da escola, adquire significação outra à luz das considerações de Mauss. Assim, pensando no caso do Brasil, para além do fato estrutural da violência no cotidiano da sociedade (ROCHA, 2008b), a violência que se revela no interior da escola apresenta conotação simbólica de um ritual por meio do qual se expressam linguagens, valores e sentimentos (ROCHA, 2006b). Por sua vez, quando pensamos também na indumentária enquanto vestuário e

---

[58] Em um estudo premiado sobre folias de reis, Daniel Bitter (2010, p. 164) destaca a importância da bandeira e das máscaras, lembrando que frente à perenidade desses objetos, "o que permanecem são as ideias, as visões de mundo, enquanto elas se sujeitarem a ser transmitidas".

adornos corporais, assim como nos objetos de uso pessoal como celulares (Erthal, 2007), podem alterar a percepção corporal de seus usuários, em especial estudantes. Assim, os microrrituais que se desenvolvem no espaço da escola (Riviere, 1995) se revelam um "campo" privilegiado de análise sobre meios de educação do corpo.

O caminho do simbolismo proposto por Mauss nos leva a um campo de reflexões na antropologia onde encontramos pensadores do porte de Victor Turner, mas também nos aproximamos de outras abordagens como a de Paul Ricœr, para quem "o símbolo dá o que pensar", afinal, "faz apelo a uma interpretação, precisamente porque ela diz mais do não que diz e porque nunca acabou de dar a dizer" (1988, p. 29). Acredito, então, poder ver no símbolo, como o próprio Mauss acreditou ter encontrado na dádiva, uma das "rochas humanas sobre as quais estão erigidas nossas sociedades" (1974b, p. 42). Isso explica a associação do símbolo com a dádiva, afinal, ambos são portadores de *mana*. Caillé (2002) propõe que se veja na dádiva o símbolo maussiano do símbolo. Pensado como o "grau zero da cultura", o símbolo é fonte inesgotável de significação.

Portanto, se os símbolos possibilitam a comunicação e promovem a comunhão, logo, são também instrumentos de educação. Um símbolo pode ser uma imagem, uma expressão sentimental, uma técnica, um gesto ou mesmo um mito, posto que é produtor de sentido. A verdade é que esses "fatos sociais" têm história, carregam memória, promovem a identidade, enfim, possibilitam a transmissão de saberes e fazeres entre gerações, bem como estimulam a sociabilidade entre as pessoas. Por exemplo, isso pode ser observado tanto no campo da política moderna com a etiqueta no antigo regime, em que o gesto se revela a encarnação simbólica do poder, como nos mostra Haroche (1998), quanto da literatura com *Os três mosqueteiros* ou no cinema com *A festa de Babette*, em que o banquete promove a *communitas* no sentido estrito da palavra. Nesse sentido, enquanto sequência complexa de atos simbólicos, os ritos podem ser vistos como "dramas educativos" privilegiados na transmissão da cultura, na manutenção da tradição, na imposição da disciplina, na formação do caráter ou da personalidade dos grupos sociais.[59]

Mas é no mundo dos objetos que o encontro do simbólico com a educação nos revela de maneira inusitada a cultura do patrimônio.

A pedagogia dos objetos, o espírito das coisas

Casas, mobílias, roupas, ornamentos corporais, jóias, armas, moedas, instrumentos de trabalho, instrumentos musicais, variadas espécies de alimentos e bebidas, meios de transporte, meios de comunicação, objetos sagrados, imagens materiais de divindades, substâncias mágicas, objetos cerimoniais, objetos de arte, monumentos, todo um vasto e heteróclito conjunto de objetos materiais circula significativamente em nossa vida social por intermédio das categorias culturais ou dos sistemas classificatórios dentro dos quais os situamos, separamos, dividimos e hierarquizamos. Expostos cotidianamente a essa extensa e diversificada teia de objetos, sua relevância social e simbólica, assim como sua repercussão subjetiva em cada um de nós, termina por nos passar desapercebida em razão mesmo da proximidade, do aspecto familiar e do caráter de obviedade que assume (2007, p. 14).

Eis a maneira como José Reginaldo Gonçalves inicia sua antropologia dos objetos. Para além da presença dos objetos em nossa vida cotidiana, o autor nos leva a pensar ainda sobre o efeito pedagógico que eles exercem em nós. Também Mauss compreendeu, em vários momentos de sua obra, a importância dos objetos em nossa vida social quando revelou por meio da dádiva o "espírito da coisa". Afinal, mais do que simples objetos, muita vezes, estamos lidando com "pessoas".

---

[59] Em especial, os estudos sobre os rituais Ndembu, de Turner (1974; 2005).

Em sua sofisticada leitura do *Ensaio sobre a dádiva*, Maurice Godelier (2001) se dedicou a desvendar o enigma da inalienabilidade dos bens sagrados. Por que em meio a tantos objetos trocados existem aqueles, os mais preciosos e sagrados, que não circulam permanecendo imóveis no seio dos grupos humanos? Tomando como exemplo os Baruyas da Nova Guiné, o antropólogo desenvolve uma análise que parte dos mitos de origem para explicar a existência dos *kwaimatnié*, isto é, os objetos sagrados. Os objetos sagrados estão relacionados à desigualdade clânica que, por sua vez, está relacionada à descendência do Sol ou da Lua, explica o mito. Os clãs dominantes são considerados ancestrais do Sol, e a propriedade dos *kwaimatnié* atesta sua origem divina. Assim, a posse de objetos sagrados (*kwaimatnié, taongas*) tais como os talismãs, as relíquias, as flautas mágicas, as pedras negras, os ossos dos ancestrais, etc., portadores de *hau, mana, orenda, wakan*, denunciam a dimensão mágico-religiosa que se apossa da dádiva. Apesar de longa, a citação de Godelier sintetiza toda a gama de elementos mágicos, religiosos, simbólicos, enfim, cosmológicos que estão envolvidos na dádiva:

> A crença na alma das coisas amplifica, mas também *engrandece* as pessoas e as relações sociais, porque as *sacraliza*. Pois se as coisas têm uma alma é porque as potências sobrenaturais, deuses ou espíritos, habitualmente invisíveis, vivem nelas e circulam com elas entre os homens, ligando-se ora a uns, ora a outros, mas sempre ligando-se a si. Ora, sacralizando ao mesmo tempo os objetos, as pessoas e as relações, a crença na alma das coisas não apenas amplifica-engrandece um universo feito de relações pessoais, mas *altera* a sua natureza, sua aparência e seu sentido. Ela os *metamorfoseia*. Em vez de se apresentarem como atores, os humanos se apresentam como atuados. Em vez de simplesmente agirem sobre outrem por intermédio dos objetos que dão, eles se apresentam como atuados pelos objetos que dão ou que recebem, submetidos às suas vontades e aos seus deslocamentos. A causa torna-se efeito, o meio se transforma

em agente, o agente se transforma em meio, e o objeto em sujeito (2001, p. 161; grifo do autor).

Os "bens simbólicos" são veículos de ideias, de sentimentos, de valores, enfim, de *mana*. Nas trocas de bens simbólicos trocam-se mais coisas do que objetos como *mana*, magias, obrigações, saberes, emoções, respeito, gentilezas, sociabilidades. Mauss compreendeu que o valor das relações é mais importante do que o dos objetos, por isso a circulação ganha importância em sua etnologia:

> A circulação de bens segue a dos homens, das mulheres e das crianças, dos banquetes, dos ritos, das cerimônias e das danças, e até mesmo a das pilhérias e injúrias. No fundo, ela é uma só. Se se dão e se retribuem as coisas, é porque se dão e se retribuem "respeitos" – dizemos ainda "gentilezas". Mas é também porque o doador *se* dá ao dar, e, ele *se* dá é porque ele *se* "deve" – ele e seu bem – aos outros (1974b, p. 128-129).

Mauss e seus intérpretes descobrem nos objetos algo mais do que expressões materiais da cultura, senão fontes mágicas e/ou religiosas portadoras de *mana*. Mesmo no ambiente das sociedades modernas, tais "poderes" encontram-se disseminados em objetos, ritos, festas, lugares. Apesar de toda diferença entre as sociedades arcaicas e o mundo moderno, muitas vezes, os objetos e as instituições servem de ponte ou elo no tempo e no espaço para manter vivo o sentido da história e o senso de identidade e memória entre os indivíduos. Pode-se falar, então, em uma pedagogia dos objetos na qual, segundo Gonçalves, eles "não apenas desempenham funções identitárias, expressando simbolicamente nossas identidades individuais e sociais, mas na verdade organizam (na medida em que os objetos são categorias materializadas) a percepção que temos de nós mesmos individual e coletivamente" (2007, p. 27). Nesse sentido, os objetos adquirem o valor de semióforos, ou seja, embora destituídos de valor de uso os objetos apresentam significativa representação patrimonial.

A trajetória intelectual de Mauss representa já um primeiro sinal de sua preocupação com os objetos quando, ao lado de Paul Rivet, organizou o Musée de L'Homme, em 1938. Sua preocupação com sistemas de classificação e as categorias do entendimento humano denunciam a seu favor o quanto os objetos e as instituições rituais, as festas, etc., designam o que hoje pensamos como patrimônio cultural. A importância dos objetos materiais e imateriais em sua obra é tão notável que se pode sugerir ter insinuado uma "antropologia dos objetos",[60] o que numa *instrução* simples significa reconhecer, segundo o *Manual de etnografia*: "todo objecto deve ser estudado: 1º em si mesmo; 2º em relação às pessoas que se servem dele; 3º em relação à totalidade do sistema observado" (1993, p. 47). Afinal, a observação de uma simples cerâmica pode nos revelar que "muitas vezes, o pote tem uma alma, o pote é uma pessoa" (p. 58). Por essa e outras evocações de Mauss relativas à importância dos objetos na vida social nos aproximamos da antropologia do patrimônio.

Em sintonia com as reflexões contemporâneas em torno da cultura e da educação, desenvolvidas no âmbito da antropologia, das Convenções da UNESCO sobre a salvaguarda do patrimônio e da cultura popular, e dos Parâmetros Curriculares Nacionais (PCNs) no Brasil, pode-se evocar o decreto Lei n. 3.551, de 4 de agosto de 2000, que estabelece quatro livros de registros para o Patrimônio Imaterial: 1) Livro dos saberes e fazeres cotidianos das comunidades; 2) Livro das celebrações, rituais, festas e outras práticas desse tipo de vida social; 3) Livro das formas de expressão literárias, musicais, plásticas e cênicas; 4) Livro dos lugares, mercados, feiras, santuários e, de modo geral, os lugares onde se desenvolvem práticas culturais coletivas.[61] Ainda bastante incipiente, a questão da educação patrimonial

---

[60] Essa hipótese pode ser ratificada com o trabalho de Gonçalves (2007).

[61] Ver os registros realizados pelo IPHAN (Instituto do Patrimônio Histórico e Artístico Nacional), disponíveis na seção Bens Culturais Registrados, site: <http://www.iphan.gov.br/bcrE/pages/indexE.jsf>.

começa a receber a atenção dos antropólogos e educadores.[62] Dentre as inúmeras expressões e manifestações culturais que podem ser pensadas no âmbito do patrimônio para a educação, historicamente, os museus têm um lugar de destaque, no entanto, em tempos recentes passaram a dividir com outras experiências esse lugar ao sol: as escolas de samba, os terreiros de candomblé, o circo (ROCHA, 2011). De resto, essas expressões nos aproximam ainda do mundo das culturas populares. Rico em saberes, ofícios, festas, santuários, feiras, expressões artísticas, enfim, o mundo das culturas populares nunca é destituído de sacralidade e magia, ao contrário, parece carregado de *mana*. Como observa Brandão (2002), educação e cultura popular andam de mãos dadas ao menos desde os anos 1960, momento de "redescoberta do povo".

Sugestivamente, o artesanato pode ser utilizado com proveito no âmbito da educação patrimonial. Espécie de fato social total, o artesanato condensa economias, políticas, simbolismos, religiosidades, estéticas, ao mesmo tempo que expressa um conjunto de procedimentos relacionados à utilidade, ao saber tradicional, às técnicas corporais, à cultura material. O conhecimento sobre o local de coleta da matéria-prima, os tipos de material utilizado, tempo de feitio, tempo de uso, transmitido pelas gerações mais velhas às mais novas, fazem do artesanato mais do que objeto de cultura material, senão um importante instrumento pedagógico que fala de origens, mitos, ritos, identidades, performances, memória, história, enfim, cultura.

Contudo, nada se revela mais concreto, ao mesmo tempo, simbólico, e investido de significação patrimonial e educacional do que o corpo. Apesar da centralidade da dádiva na obra de Mauss, também o corpo e suas técnicas parecem ter o mesmo estatuto, ou seja, o de "fenômeno social total" no conjunto de sua obra.

---

[62] Ver Horta, Grunberg & Monteiro, 1999; Lima Filho, Eckert & Beltrão (2007).

A genealogia do corpo

Uma genealogia do corpo não significa buscar a origem do corpo do homem, mas afirmar que o corpo está na origem do homem total de Mauss:

> É esse homem, esse ser indivisível, ponderável mas não seccionável que encontramos nas nossas estatísticas morais, econômicas, demográficas. É ele que encontramos na história das massas e dos povos, de suas práticas, da mesma maneira que a história o encontra na história dos indivíduos. É do comportamento e das representações de homens médios e medianamente dotados de uma completa vida média que tratamos com mais freqüência. Excepcionalmente podemos chegar a individualidades excepcionais. Mas mesmo o herói é ainda um homem como os demais (1974a, p. 199).

Para Mauss, o "homem total" é, antes de tudo, o homem concreto e, como tal, deve ser visto enquanto ser biológico, psíquico e sócio-histórico. Curiosamente, sua produção em torno d'*As técnicas corporais*, da *Expressão obrigatória dos sentimentos* e de *Uma categoria do espírito humano – a noção de pessoa, a noção de "eu"*, de certa forma, parece sintetizar essa tridimensionalidade constitutiva do homem enquanto corpo, sentimento e racionalidade. Contudo, não se pode esquecer o fato, talvez, mais importante, do homem enquanto ser histórico. Somente à luz de uma abordagem interdisciplinar é que se pode apreender o homem em sua totalidade, nos adverte Brumana:

> Mauss era suficientemente lúcido para perceber – e assinalar repetidamente – a inadequação dos instrumentos teóricos à magnitude da tarefa sociológica; seu interesse constante na colaboração interdisciplinar, sua idéia de que é nas margens de cada ciência que se encontra a problemática mais rica, transformaram-no numa espécie de pensador intersticial que, às vezes, prenuncia uma ciência total, uma antropologia que desse conta do homem sem resíduos (1983, p. 55).

Contra o homem mutilado, dividido entre a razão e a emoção, o corpo e a alma, a biologia e a sociologia, tão amplamente denunciado por pensadores como Merleau-Ponty, é que Mauss propõe repensá-lo em seu estado "natural" de ser psíquico, social e histórico, fato esse que o leva a destacar a enorme importância da tradição e da educação no processo de formação do homem. A tradição transmitida pelos mecanismos da educação constitui um elemento fundamental na estrutura e funcionamento da vida social, ou seja, na sua coesão social. Embora a oralidade seja o caminho mais conhecido de transmissão da tradição, também a gestualidade se mostra uma das formas mais importantes de transmissão da tradição, uma vez que por meio dos ritos manuais, das práticas mágicas e religiosas, das atividades esportivas, das regras da etiqueta, das habilidades profissionais, das expressões artísticas, enfim, das técnicas corporais, um conjunto de saberes, valores e significados são ensinados e imitados pelas pessoas ao longo da vida; afinal:

> Inumeráveis experiências registram-se numa tradição, incorporam-se em toda parte, nos menores comportamentos. Tomemos, por exemplo, o mais modesto, o das técnicas do corpo: o nado, o salto com cipó, a arte de comer e de beber; tomemos outro exemplo, uma destas maravilhas da ciência como aquela que constitui o emprego de substâncias desintoxicadas por séries muito complexas de operações (por exemplo, a mandioca, vulgarmente nossa tapioca, que a Ásia e a América nos revelaram); como a que consiste em empregar matérias tornadas intoxicantes, tal como a cerveja (África e Europa), o álcool (Ásia, Europa, Indochina, etc.), a chicha (América do Sul, etc.), o peiote, etc. Tudo isto é representado como inventado pelos antepassados, revelado pelos deuses, mas é também conhecido como fundado na história e verificado pela experiência, pela embriaguez, pelo êxtase, pelo sucesso do alimento, pelos efeitos sensíveis da técnica. Assim os torneios de acrobacia têm sua dignidade tradicional. Deve-se, pois, estudar da mesma forma todas as tradições,

as da arte assim como as das profissões, e não somente as da religião e do direito (1981, p. 115).

As técnicas corporais são, sem dúvida alguma, uma das mais importantes contribuições de Mauss para o campo da antropologia social e cultural, o que inclui a educação. Afinal, Mauss nos oferece um programa de estudos sobre o corpo que Lévi-Strauss entendeu ainda estar por ser feito, o "inventário das técnicas corporais", destacando a necessidade de se levar em conta as divisões das técnicas corporais entre os sexos e de suas variações em termos de idade, a classificação das técnicas corporais com relação ao seu rendimento e performance e sua transmissão a outras gerações. Os cuidados com o corpo, a higiene, as técnicas de alimentação, as formas de descanso, as atividades relacionadas ao movimento, as artes do corpo, as preocupações com a saúde e a doença, enfim, nada foge ao olhar de Mauss. Por técnicas corporais, Mauss entende os "atos tradicionais eficazes" fabricados ao longo da história e transmitidos por meio da educação, principalmente, às crianças e aos jovens. Daí, a categórica assertiva de Mauss segundo a qual:

> Em todos esses elementos da arte de utilizar o corpo humano, os fatos da *educação* dominam. A noção de educação podia sobrepor-se à noção de imitação. Pois há crianças, em particular, que têm faculdades muito grandes de imitação, outras que as têm bem fracas, mas todas passam pela mesma educação, de sorte que podemos compreender a seqüência dos encadeamentos. O que se passa é uma imitação prestigiosa. A criança, como o adulto, imita atos que obtiveram êxito e que ela viu serem bem-sucedidos em pessoas em quem confia e que têm autoridade sobre ela. O ato impõe-se de fora, do alto, ainda que seja um ato exclusivamente biológico e concernente ao corpo. O indivíduo toma emprestado a série de movimentos de que ele se compõe do ato executado à sua frente ou com ele pelos outros (p. 215).

Mauss fez do próprio espaço que o circunda seu laboratório de investigação etnográfica. Dizia ser possível identificar a nacionalidade de um homem pelo simples modo de andar ou nadar; não porque tais ações sejam naturais, antes ao contrário, são o resultado de um processo histórico-cultural. Desde fins do século 19, o corpo começou a despertar vivo interesse da sociedade de um modo geral, e de ginastas, esportistas, pedagogos, militares, em particular. Se, de um lado, eventos como Olimpíadas, lutas de boxe, espetáculos circenses, halterofilismo, etc., são incorporados pela nascente indústria cultural de diversão nas sociedades de massa, do outro, são as próprias tradições culturais que colocam em evidência o corpo no processo de construção das identidades nacionais, haja vista, por exemplo, a centralidade do corpo nas culturas afro-ameríndias o que, no Brasil, adquire uma significação especial quando comparado às culturas anglo-saxãs, sugere Rocha (2007; 2008a; 2009). Rogério Rodrigues, para quem *As técnicas corporais* balizam a antropologia de Mauss, observa que: "a maneira singular de uso técnico do corpo em cada sociedade coloca-nos diante de um objeto de estudo que nos fornece informações sobre o desenvolvimento histórico de uma cultura, isto é, de um conhecimento sobre as possibilidades conscientes e inconscientes de educação do corpo" (1997, p. 53). Assim, se certos ambientes e espaços agem abertamente sobre o corpo, modelando, educando, disciplinando, como as academias de ginástica, as escolas, outros espaços e instituições interferem de forma, pode-se dizer, inconsciente. É o caso, então, da educação no sentido amplo do termo, da tradição, da imitação prestigiosa, como observa Mauss. Portanto, não é preciso muito esforço para mostrar a importância dos estudos de Mauss sobre *As técnicas corporais, A expressão obrigatória dos sentimentos* e *Uma categoria do espírito humano – a noção de pessoa, a noção de "eu"*, para nos apercebermos o quanto o "homem total", ao mesmo tempo *politicus, oeconomicus, religiosus, aestheticus, performans*, é também *educandus*.

Engrossando o coro dos antropólogos que veem no homem um animal ritual, o ambiente escolar se revela um *locus* privilegiado para se observar, no sentido amplo do termo, um momento na educação do corpo. A indumentária, entendida como ornamentos corporais e vestuário, as práticas esportivas, as expressões artísticas como a dança, o teatro, a música, a moda, a obsessão estética com padrões de beleza e com a sexualidade são fundamentais na compreensão da educação do corpo. Embora tradicionalmente a escola tenha se tornado um mundo à parte, e muitas vezes sem sentido para as crianças e adolescentes que as frequentam, em tempos recentes parece estar sendo invadida pela cultura que vem da rua. Muitas são as iniciativas no campo da educação formal e informal desenvolvidas no âmbito da escola, visando assim reinventar sua função social. Em certo sentido, a escola se reaproxima do sentido da educação pensado por Mauss.

De resto, o corpo é a base de sustentação da noção de pessoa, da noção de "eu", já que tais categorias expressam um modo histórico de constituição do indivíduo moderno. É por meio da consciência do corpo que o indivíduo moderno começa a elaborar sua concepção de subjetividade. Atento aos valores de sua própria sociedade, Mauss acabou por desvelar a dimensão corporal que sustentava o imaginário psíquico do período entre guerras. É suficiente lembrar as formulações da psicanálise e da psicologia nesse momento. Com efeito, se a ideia de pessoa e de "eu" andava na cabeça dos homens, faltava-lhes fornecer um corpo, e de certa forma, foi o que fez Mauss.[63]

A reciprocidade educativa

À primeira vista, Mauss parece não apresentar o mesmo grau de interesse pela educação quanto o tio Durkheim. Mas, curiosamente, suas considerações pontuais não deixam de

---

[63] O pensamento antropológico de Mauss sobre o corpo se prolonga em tempos recentes em autores como Michel Foucault, Mary Douglas e David Le Breton.

iluminar o cenário contemporâneo. Afinal de contas, mais do que nunca, se os problemas vividos pela educação formal hoje parecem adquirir proporções globais, inúmeras políticas públicas para a educação parecem, por sua vez, encontrar ressonância nos escritos de Mauss.

Diferentemente das nossas sociedades em que conferimos à escola o ambiente de formação educacional, nas sociedades arcaicas, os domínios da vida social marcados pelos ritos, pelos jogos, pelas artes, pela caça e pesca, pelas expressões religiosas funcionam todos como espaço pedagógico de transmissão da tradição. Inclusive, o meio torna-se uma variável importante na modelagem do homem, sendo suficiente lembrar o *Ensaio sobre as variações sazoneiras das sociedades esquimó*, de 1905, no qual uma dupla corporalidade se manifesta a partir das diferenças entre o inverno e o verão. Com efeito, "nas sociedades arcaicas, todos os tipos de ambientes estão encarregados de fabricar o mesmo homem, e conseguem fabricá-lo" (1981, p. 121), observa Mauss. Assim, a educação de um homem ou, o que dá no mesmo, a "fabricação de um jovem", se realiza de maneira espontânea por meio da imitação prestigiosa dos gestos.

A educação consiste igualmente numa série de provas, algumas delas trágicas: circuncisão, etc., em trotes vexatórios constantes. Estas fazem parte da educação religiosa sempre dada neste momento. Não conheço exceção alguma a esta regra: nem na Austrália, nem na Terra do Fogo. Nestes santuários, freqüentes vezes funcionam sistemas organizados de educação (escola dos *mganga*, no Baixo Congo francês e belga). É também neste momento que se conclui a transmissão das artes, das profissões e das tradições. O jovem assim transplantado [referência à separação do grupo familiar] tornou-se, com o decorrer do tempo, religiosa e socialmente outro. O "fosterage" e a iniciação chegam ao ponto de mudar sua linguagem. Por exemplo, em casa de seus parentes uterinos aprendeu um dialeto diferente daquele que seus parentes próprios; no terreno da iniciação, aprendeu a linguagem secreta da sociedade dos homens; aprendeu ritos em outra parte, vindo de um meio diferente; foi iniciado em outro sistema de símbolos, as pessoas de um clã instruindo os outros em seus segredos; por exemplo, os da fratria do mar iniciando a fratria da terra (p. 124-125).

Mauss chega mesmo a identificar um sistema educacional por meio do qual são transmitidas as tradições de uma determinada sociedade e cultura e que se baseia no ensino das técnicas do corpo, no ensino das técnicas manuais, no ensino das tradições tecnocientíficas, na educação estética, educação econômica e educação jurídica e religiosa. Mas, sem dúvida alguma, uma das mais relevantes contribuições de Mauss no campo da tradição e educação corporal consiste na análise da expressão obrigatória dos sentimentos. As emoções, antes de serem somente a expressão subjetiva das pessoas, revelam uma gama complexa de relações, práticas e representações em que o riso, as lágrimas, os gestos, os duelos, o vestuário paralelamente falam da divisão social em gêneros, em grupos de prestígio, etc., na sociedade, haja vista o lugar de destaque reservado às mulheres ("carpideiras") nos ritos funerários da Austrália.[64] Também como sugere Geertz (1989), os rituais podem ser vistos como um mecanismo de "educação sentimental" através do qual aprendemos a nos expressar em público. Expressões de alegria, amor, medo, antes de serem unicamente manifestações naturais de caráter fisiológico, são também parte de um processo sócio-histórico de constituição simbólica da realidade. Com efeito, o significado de uma expressão sentimental qualquer exige aprendizado, como nos mostra o filme *A guerra do fogo*, de 1981, de Jean-Jacques Annaud. A racionalidade, a consciência do "eu", a expressão obrigatória dos sentimentos, a performance de uma técnica corporal qualquer, enfim, a fabricação do corpo é compartilhada no processo de educação do homem.

---

[64] No Brasil, as "carpideiras" desempenham papel semelhante. São comuns referências às mesmas em peças de teatro como *Morte e vida severina*, de João Cabral de Melo Neto, publicada em 1955, ou novelas como *Tieta do agreste* (1989), baseada em romance de Jorge Amado, de 1977.

De fato, ensinamento, instrução, educação, sugestão, autoridade forçando ou reservando a aquisição de tal conhecimento, de tal "maneira", de tal ou tal maneira de fazer, tudo isso funciona simultaneamente, em sincronia com a imitação espontânea dos gestos com eficácia psíquica, e também com o jogo que consiste em brincar com ocupações sérias e artísticas. Educação consciente e transmissão simples reinam nas sociedades que estudamos. Conseguem realizar aquilo que a pedagogia e a filosofia alemãs chamam a *Erziehung* total (Lasch), a educação prática e a educação moral; conseguem misturar todas as suas pedagogias, mas têm uma pedagogia. De outro lado, *ao passo que, em nossas sociedades, funcionários especiais tentam formar o homem e também a mulher, num único meio totalmente especial: a escola; ao passo que desta escola saem indivíduos tão idênticos quanto possível, personalidades humanas do mesmo gênero – o que produz de fato o individualismo mais tenso; nas sociedades arcaicas, todos os tipos de ambiente estão encarregados de fabricar o mesmo homem, e conseguem fabricá-lo.* Nossas sociedades procuram diversificar as pessoas partindo de um esforço para uniformizá-las. É quase o inverso daquilo que conseguem as educações de que nos ocupamos agora (1983, p. 121; grifo meu).

Portanto, a educação não está restrita aos domínios da escola e ao campo da pedagogia, muito embora seja esse o pensamento dominante nas sociedades modernas. Desde fins do século 18, a relação criança/educação passou a despertar a atenção de inúmeros pensadores, até que no século 20 se tornasse objeto privilegiado da psicologia e pedagogia modernas. Segundo Stearns (2006), o mundo pós-Primeira Guerra conheceu a expansão do sistema de ensino, as mudanças na estrutura familiar, a redução da mortalidade infantil, o que contribuiu significativamente para a mudança de percepção e sensibilidade em relação à infância nas sociedades contemporâneas. Podem-se destacar ainda as formulações científicas de Jean Piaget (1896-1980), conhecido por seus trabalhos no campo da epistemologia genética; de Henri Wallon (1879-1962), para quem as emoções adquirem importância fundamental no processo de constituição da criança; e do russo Lev Vygostky (1896-1934), dando destaque à cultura e aos processos de interação social no desenvolvimento cognitivo das crianças. A soma dessas perspectivas aponta para o "homem total" de Mauss. Do outro lado do Atlântico, a antropóloga norte-americana Margaret Mead (1901-1978) realizava estudos sobre crianças e a adolescência (1961; 1972). Isso sem falar nas reflexões de Walter Benjamin (1892-1940) sobre a criança e os brinquedos; e nas experiências do anarquista catalão Francisco Ferrer Y Guardia (1859-1909), com sua proposta de pedagogia libertária; do russo Anton Makarenko (1888-1939), cuja pedagogia estava a serviço da formação de um novo homem soviético; e de Antônio Gramsci (1881-1937), com sua proposta de escola unitária, tendo o trabalho como princípio educativo. A convergência dessas experiências sugere um processo sócio-histórico não de descoberta, mas sim de "invenção da criança" moderna.

Mauss não estava alheio a esse processo. Em um texto inacabado, intitulado "Fait social et formation du caractère", que estava sendo preparado para comunicação no Congresso Internacional das Ciências Antropológicas e Etnológicas a ser realizado em Compenhague, no ano 1938, Mauss (2004) ratificava a importância da educação no processo de formação das crianças.

> O homem é, afirma Mauss, um animal que educa e adestra suas crianças [...]. E nem estou falando sobre as torturas do martelo que foram infligidas a minha geração, eu falo do arcabouço de cuidados que permite, por exemplo, adestrar e educar a criança muito cedo (*apud* FOURNIER, p. 2010).

Em outra conferência, intitulada "Três observações sobre a sociologia da infância", preparada para o Congresso de Sociologia da Infância, de 1937, do qual Mauss se viu impedido de participar por motivo de saúde, nosso etnólogo chamava a atenção para o seguinte:

Essa relação entre as gerações de crianças relativamente mais velhas com as relativamente mais novas é uma questão fundamental, mas igualmente fundamental é também saber como se agrupam as idades. Assim como não é menos essencial saber como se diferenciam os sexos. O meio infantil é sempre, sobretudo quando é livre, e não o fruto de uma educação, mas sim de uma educação das crianças pelas próprias crianças, uma forma de compreender esses fenômenos muito vastos das gerações (2004, p. 243).

No Brasil, pode-se evocar o nome de Florestan Fernandes (2004) como alguém que percebeu desde muito cedo a importância da cultura das crianças, ou seja, aquela na qual elas são as principais protagonistas e suas produtoras de significados. Isso fica claro nas brincadeiras infantis, como as trocinhas estudadas pelo sociólogo paulista no âmbito do folclore brasileiro. Ampliando o sentido da educação infantil, as experiências indígenas nos revelam as dimensões cosmológicas da aprendizagem e da socialização das crianças. A educação é antes de tudo um processo de socialização que, para além da transmissão da tradição e da moral, ocorre também por meio da imitação prestigiosa, posto que a criança aprende fazendo, aprende participando de todos os momentos da vida social. Em outras palavras, a educação não constitui um momento à parte da vida cotidiana, não está descolada do concreto.[65]

Nessa linha de reflexão, nos deparamos com a proposta pedagógica de Paulo Freire (1987), cuja afinidade com a etnologia de Mauss é digna de nota. Além da aproximação com o pensamento de Marx e seus respectivos posicionamentos políticos a favor do socialismo, ambos optaram por uma compreensão mais fenomenológica da realidade na qual

---

[65] A esse respeito, ver Silva, Macedo e Nunes (2002). Também o documentário *Xingu* (1984) possibilita boas reflexões sobre a educação a partir das crianças indígenas.

HOMO EDUCANDUS

a experiência concreta do cotidiano, aliada à concepção de educação não reduzida ao "banco" da escola, nos leva ao campo da cultura popular.[66] Em sintonia com o imaginário cepecista dos anos 1960, Paulo Freire pensa a educação e a cultura popular como instrumentos de conscientização e politização do homem comum com fins à criação de uma sociedade mais justa e democrática. Mas outros pontos estimulam a reflexão em torno de Freire e Mauss, a começar pela ideia mesma de diálogo na educação de Freire, que se afirma como reciprocidade; as palavras ou temas geradores do método de alfabetização de adultos, que lembram as categorias do entendimento de Mauss; a concepção "bancária" da escola, que aponta para o problema das técnicas corporais; enfim, a ação cultural, que dialoga com a performance cultural. Certamente, esses pontos não esgotam o universo teórico-metodológico de ambos, no entanto, funcionam como fontes de inspiração para estudos comparativos futuros.

Pode-se pensar, então, na educação como fenômeno social total. Significa isso que devemos estar atentos, primeiro, para o fato de que o observador é da mesma natureza que o seu objeto; segundo, a educação se faz no cotidiano e tem implicações política, econômica, moral, estética, etc.; terceiro, está inextricavelmente ligada ao sistema da dádiva, afinal, as ações de dar, receber e retribuir se fazem mais presentes do que nunca na educação e nos sistemas de ensino. Não à toa, comumente os professores referem-se a sua atividade como "dar aula"; e recebem dos alunos o reconhecimento ou a gratidão por terem contribuído para sua formação e caráter. A educação como dádiva consiste no processo não só de promoção da interação social e da socialização, mas também de constituição do sentido de história, de vinculação no tempo e no espaço, de mediação entre gerações.

---

[66] Bakhtin (1987) entende a cultura popular como um conjunto de representações e práticas culturais nas quais predomina uma visão carnavalesca do mundo marcada pela festa, pelo corpo grotesco, pelo riso, etc., frente a hierarquia e a desigualdade social.

Do ponto de vista fenomenológico, o corpo adquire total centralidade na educação cotidiana. A fabricação de um jovem implica a formação da noção de "eu" e do sentimento de pessoa; requer aprendizado das expressões obrigatórias dos sentimentos; exige a fabricação do corpo e das técnicas corporais. Nesse processo, todo um conjunto de elementos como indumentária, cuidados de higiene, práticas de esporte, inscrições corporais como tatuagens, *piercings*, pinturas, etc., são fundamentais para a imagem que se faz de si, no processo de construção da identidade social.

Em suma, mais do que um manual de instruções em antropologia da educação, Mauss nos oferece uma oportunidade de refletir sobre o significado da educação na formação do homem, no sentido amplo do termo, e na cultura da escola, em particular. Isso porque, observa Martins, "etimologicamente, poderíamos afirmar que educação, do verbo educar, significa 'trazer à luz a idéia' ou filosoficamente fazer a criança passar da potência ao ato, da virtualidade à realidade" (2005, p. 33). Assim, a educação parece adquirir no pensamento de Mauss o *status* de categoria do entendimento capaz de iluminar a sua Antropologia, ela mesma uma dádiva, cujo efeito ressonante Goldbout parece ter captado com precisão:

> [...] o motivo pelo qual existe algo em vez do nada é porque algo foi dado (ou tomado), é a dádiva, única e verdadeira causa primeira postulada pela metafísica primitiva. "Sem a iniciativa de um gesto gracioso", para usarmos as palavras de Aristóteles, nada pode existir. Por sua vez, a obrigação de aceitar confunde-se com a de receber a vida, essa centelha de organização oriunda do caos (1999, p. 157).

| Conclusão

A atualidade de Marcel Mauss

Ele tinha a arte e a generosidade do
grande professor que refletia naqueles
que estavam ao seu redor.

Victor Karady

O estudo da obra de Mauss tem se revelado ao longo do tempo uma profunda, marcante e significativa descoberta em minha formação humana e de antropólogo cultural. Mais do que um objeto de estudo, sua obra tem sido uma fonte constante de inspiração teórico-metodológica e uma grande lição de vida. O resultado, mais do que conduzir a uma leitura de sua obra, ao contrário, me torna "afetado" pela mesma.

Embora Mauss fosse, aparentemente, indisciplinado quanto a certas exigências e formalidades acadêmicas, sua obra parece formar um "sistema", ou melhor, uma totalidade coerente e integrada na qual o mundo das ideias se alimenta da experiência concreta e, por sua vez, os ritos se alimentam dos mitos, nos sugerindo assim uma perspectiva interacionista de explicação dos fenômenos sociais em que a ação simbólica se retroalimenta das representações sociais e vice-versa. Assim, a ênfase na circulação dos bens simbólicos e os sistemas de trocas que servem de suporte a este processo adquirem uma importância capital na compreensão da antropologia de Mauss.

A educação como fato social total; a reciprocidade inscrita na dádiva e incorporada nos gestos de dar, receber, retribuir; as técnicas corporais aliadas às expressões obrigatórias do sentimento e a noção de pessoa como o fundamento da sua antropologia do concreto inscrita no "homem total"; a ação simbólica como paradigma de seu pensamento antropológico; a importância dos mitos, dos ritos e da história no processo de transmissão das tradições culturais; a teoria da magia como portadora de uma ação simbólica e, por extensão, de uma perspectiva da performance; enfim, na sua performance etnográfica descobre-se um sistema de ideias, complexo, porém denso e aberto a novas significações. Essas são algumas das provocações estimuladas pela leitura da obra de Mauss.

Assim, sem pretender concluir o que não tem conclusão, tomo emprestado a Renata Menezes suas palavras finais sobre a atualidade do pensamento de Mauss:

> [...] gostaria de ressaltar a atualidade das formulações de Mauss numa conjuntura como a atual, marcada pelo surgimento de "novas espiritualidades", "novos movimentos religiosos" e outras práticas não-institucionalizadas, e por um questionamento das fronteiras da religião que chega mesmo a problematizar sua definição. Sua obra oferece inúmeros elementos de reflexão úteis à construção de um instrumental teórico, e de "objetos" que ajudam a dar conta dessa realidade. E essa afirmativa talvez seja o melhor pretexto para concluir o presente texto convidando à leitura de Mauss, pois nenhum comentarista, por mais dedicado que seja, será capaz de reproduzir o prazer e a riqueza de encontrar a obra pelas mãos do próprio autor (2007, p. 116).

Sem dúvida alguma, nada supera a leitura do próprio Mauss. Sua obra é um convite à sensibilidade, à inteligência e ao conhecimento, além de ser um feliz e eficaz instrumento na compreensão da vida social ao longo da história e, por extensão, de outras culturas. A importância de seu pensamento, reconhecida por inúmeros intelectuais modernos e contemporâneos, ganhou na interpretação de Paulo Henrique Martins a seguinte avaliação para o campo das Ciências Sociais:

> A atualidade da contribuição de Mauss para as ciências sociais pode ser, assim, sintetizada em dois pontos fundamentais: a definição da sociedade como fato social total, permitindo articular adequadamente aquelas dicotomias tradicionais da sociologia já referidas, e a introdução do simbolismo como fundamento último das trocas entre pessoas morais. Trata-se de uma contribuição de importância paralela àquela do sujeito do inconsciente de S. Freud, com a diferença de que, em Mauss, a noção de pessoa moral não se limita às injunções de crenças coletivas, como em Durkheim, nem ao cognitivismo individualista, da psicologia experimental. A pessoa moral, em Mauss, supera ambas as posições pela ênfase sobre o valor da relação na constituição da sociedade (2008, p. 119).

Essas considerações justificariam, por si só, toda e qualquer tentativa de se aprofundar o estudo da obra de Mauss, mas outras podem ser acrescidas a elas como, por exemplo, o seu legado humanista para a contemporaneidade. Afinal, é suficiente lembrar o M.A.U.S.S. (Movimento Anti-Utilitarista nas Ciências Sociais) e o esforço de seus membros em potencializar a teoria da dádiva para a compreensão dos fenômenos do associativismo e das redes sociais de cooperação internacional no mundo contemporâneo. Ou, então, a sua contribuição para o entendimento de fenômeno culturais tão amplos e complexos, no Brasil, como o futebol, a amizade, a festa, etc.

Com efeito, a obra de Mauss tem suscitado as mais diversas leituras, sugerido inúmeras possibilidades de interpretações. Obra seminal, a antropologia de Mauss não comporta classificações, embora possa sugerir provocações quando vista como "fundadora de tradições". Em outras palavras, o caráter ensaístico de sua obra tem possibilitado pensar em sua contribuição para as antropologias da performance, das emoções, das trocas simbólicas, do dom, do patrimônio, do corpo, das religiões, etc. Algumas dessas abordagens podem ser reconhecidas nos trabalhos de inúmeros pesquisadores sobre epistemologia e dádiva: Oliveira (1979), Boon (1993), Bourdieu (1996), Goldbout (1998), Lanna (2000; 2006), Godelier (2001), Martins (2002; 2007; 2008), Reinhardt (2006), Almeida (2007), Sigaud (2007), Caillé (2002; 2008); no campo da política: Lefort (1990), Araujo e Mota (2002), Flecha e Susin (2006); no caso da religião: Giumbelli (1994), Menezes (2007), Silva (2008); sobre formas de sociação: Martins (2007), Portugal (2007), Silva (2008), Setton (2009); reciprocidade/desigualdade: Sabourin (2007), Lanna (2009); corpo: Rodrigues (2000), Maués (2003), Erthal (2007), Rigoni & Prodócimo (2007), Aguiar (2010); futebol: Giglio *et al.* (2008), Damo (2008); etc. Contudo, a educação ainda permanece um campo inexplorado. Tudo isso faz da etnologia de Mauss, como disse Louis Dumont (1985), uma ciência em devenir; e de sua obra, uma obra em aberto.

A obra de Mauss nos revela uma totalidade que pode ser observada ao menos em dois níveis complementares: de um lado, quando combinamos o *Esboço de uma teoria geral da magia* e o *Ensaio sobre a dádiva* com *A natureza e função do sacrifício* e *A prece*, desvelamos um sistema simbólico que nos leva a imaginar uma espécie de economia dos "gestos elementares da reciprocidade" inscritos nas ações de dar, receber, retribuir, que, combinadas com o sacrifício e a prece (ofertar, pedir, agradecer), ampliam a possibilidade de interação entre as esferas do sagrado e do profano; do outro lado, quando descobrimos na análise da *Expressão obrigatória dos sentimentos, Uma categoria do espírito humano – a noção de pessoa, a noção de "eu"* e *As técnicas corporais* as variáveis que modelam o "homem total", ao mesmo tempo físico, psíquico e sócio-histórico. No conjunto, estes níveis possibilitam a apreensão, do ponto de vista de sua antropologia do concreto, do próprio sentido de sua etnologia, ou seja, a exemplo do que nos ensina em seu *Manual de etnografia*, a educação não é algo dado como natural, pronto e acabado, na verdade, pode-se pensá-la como um sistema de relações que, como a dádiva e o "homem total", promove a interação e/ou a ligação entre as ideias e as práticas, a obrigação e a autonomia, o simbólico e o concreto, enfim, o saber e o fazer. Em síntese, todo esse sistema coloca em evidência a importância da educação na compreensão do homem concreto. Mas, não é tudo.

Nesse sentido, é quase um truísmo dizer da atualidade de Mauss. Mais do que desenvolver uma antropologia da educação no sentido estrito do termo, Mauss nos oferece uma concepção de educação que parece significativamente fecunda e atual. Sem restringi-la ao espaço da escola, a educação para Mauss constitui um fenômeno concreto que deve ser visto à luz das experiências rituais, cotidianas, históricas, corporais, emocionais. A educação não constitui um fenômeno à parte da vida das pessoas, ao contrário, ela acontece nos domínios da vida privada e da pública. Educar, lembram alguns intérpretes de Mauss, é dar, receber e retribuir conhecimentos, gentilezas, emoções, etc. Educar é dádiva porque partilhamos com o outro o sentido da vida, da história, da cultura.

Do ponto de vista epistemológico, descobrimos na obra de Mauss um autor complexo, profundo e sofisticado, contrário às visões simplistas e redutoras que o colocam quase como uma "sombra" do tio Durkheim. Por exemplo, para Mauss as ideias não são somente ideias abstratas, mas também categorias incorporadas; afinal, por meio do corpo, elas se transformam em técnicas na medida em que remetem a um conjunto de saberes a serviço da tradição e da eficácia. Assim, Mauss nos convida a pensar numa teoria da ação simbólica em que seus estudos da magia à dádiva, passando pelo sacrifício, pela prece, pelas expressões obrigatórias do sentimento até atingir a noção de "eu" nos aproximam do "homem total" e suas técnicas corporais.

Em resumo, por meio de seus "ensaios", Mauss nos revelou um esforço notável de construção de teorias etnográficas. E mais, antecipou algumas posturas metodológicas que nos últimos anos ganhariam a atenção dos antropólogos como, por exemplo, considerar que "o ideal seria transformar os indígenas em autores e não em informantes" (1993, p. 205); ou então, sua perspectiva relativizadora quanto à busca insensata do "primitivo":

> [...] encontrar-se-ão nestas regiões [referência a sudeste asiático e Austrália] fenômenos mais elementares que numa grande parte da humanidade, mas o caráter "primitivo" destes fenômenos continua a ser absolutamente relativo [...] Por isso não procurar o primitivo. As pesquisas feitas entre os Todas da Índia, que se acreditou durante muito tempo serem os mais primitivos dos homens, revelaram um belíssimo bronze (1993, p. 202).

Alertas como este fazem da obra de Mauss um fecundo manancial de posturas críticas e reflexivas sobre os sujeitos e os objetos da observação antropológica. De resto, deixo a palavra final ao professor Leroi-Gourhan, ex-aluno de Mauss: "Seu discurso era todo ele articulações e elasticidade. A maior parte de suas frases soavam vazias, mas era um vazio que te convidada a preenchê-lo" (*apud* CLIFFORD, 1998, p. 141). De certa forma foi o que tentei fazer, modestamente, neste livro.

FONTES MULTIMÍDIA

Obras científicas

A obra de Marcel Mauss[67]

MAUSS, Marcel. *Oeuvres 1 – Les fonctions sociales du sacré*. Ed. Victor Karady. Paris: Les Editions de Minuit, 1968.

MAUSS, Marcel. *Oeuvres 2 – Représentations colletives et diversité des civilisations*. Ed. Victor Karady. Paris: Les Editions de Minuit, 1974.

MAUSS, Marcel. *Oeuvres 3 – Cohésion sociale et divisions de la sociologie*. Ed. Victor Karady. Paris: Les Editions de Minuit, 1969.

MAUSS, Marcel. Un autorretrato intellectual. In: JAMES, W.; ALLEN, N. J. *Marcel Mauss. A Centenary Tribute*. New York/Oxford: Berghahn Books, 1998. p. 29-42. [N. T.][68]

MAUSS, Marcel. Fait social et formation du caractère. *Sociologie et Société – Présences de Marcel Mauss*, v. 36, n. 2, p. 135-140, 2004.

Textos de Mauss disponíveis em português

MAUSS, Marcel. *Sociologia e antropologia I*. Org. George Gurvitch. São Paulo: EPU-EDUSP, 1974a.

MAUSS, Marcel. *Sociologia e antropologia II*. Org. George Gurvitch. São Paulo: EPU-EDUSP, 1974b[69].

---

[67] A obra de Mauss pode ser dividida em três conjuntos: o primeiro reúne os textos acadêmicos e foi organizado por Victor Karady, o segundo compreende os escritos políticos, organizados por Marcel Fournier; e o terceiro, basicamente o *Manual de etnografia*, trata-se de compilação das instruções etnográficas do autor reunidas por Denise Paulme.

[68] Disponível em: <http://sisbib.unmsm.edu.pe/bibvirtual/Libros/antropologia/de_la_func/Un_Auto_intel.htm>.

[69] Recentemente, *Sociologia e antropologia* foi reeditado em volume único pela Cosac & Naify (São Paulo, 2003).

MAUSS, Marcel. *Mauss – antropologia*. Org. Roberto Cardoso Oliveira. São Paulo: Ática, 1979.

MAUSS, Marcel. *Ensaios de sociologia*. São Paulo: Perspectiva, 1981.

MAUSS, Marcel. *Manual de etnografia*. Org. Denise Paulme. Lisboa: Dom Quixote, 1993.

MAUSS, Marcel. Três observações sobre a sociologia da infância. *Pro-Posições*, Campinas, v. 21, n. 3 (63), p. 237-244, set./dez. 2010.

Sobre Marcel Mauss e sua obra[70]

ALMEIDA, Lúcio Flávio. A distante harmonia – Marcel Mauss e a nação. *Ponto-e-Vírgula*, n. 1, p. 38-57, 2007.

ARAÚJO E MOTA, Leonardo. Dádiva e sociabilidade no Brasil. *Revista Anthropológicas*, ano 6, v. 13, n. 2, p. 107-123, 2002.

BOON, James. Sobre Mauss y Marx. In: *Otras tribus, otros escribas – antropologia simbólica en el estudio comparativo de culturas, historias, religiones y textos*. México: Fondo de Cultura Económica, 1993. p. 120-135.

BOURDIEU, Pierre. Marginalia – algumas notas adicionais sobre o dom. *Mana – Estudos de Antropologia Social*, v. 2, n. 2, p. 7-20, 1996.

BRUMANA, Fernando. *Antropologia dos sentidos – introdução às idéias de Marcel Mauss*. São Paulo: Brasiliense, 1983.

CAILLÉ, Alain. Nem holismo nem individualismo metodológicos – Marcel Mauss e o paradigma da dádiva. *RBCS*, v. 13, n. 38, p. 5-38, 1998.

CAILLÉ, Alain. *Antropologia do dom – o terceiro paradigma*. Petrópolis: Vozes, 2002.

CAILLÉ, Alain. Reconhecimento e sociologia. *Revista Brasileira de Ciências Sociais*, v. 23, n. 66, p. 151-163, 2008.

COELHO, Maria Claudia. *O valor das intenções – dádiva, emoção e identidade*. Rio de Janeiro: FGV, 2006.

DAMO, Arlei Sander. Dom, amor e dinheiro no futebol de espetáculo. *Revista Brasileira de Ciências Sociais*, v. 23, n. 66, p. 140-150, 2008.

DUMONT, Louis. Marcel Mauss – uma ciência em devenir. In: *O individualismo – uma perspectiva antropológica da ideologia moderna*. Rio de Janeiro: Rocco, 1985. p. 179-199.

ERTHAL, Ana Amélia. O telefone celular como produtor de novas sensorialidades e técnicas corporais. *Contemporânea*, n. 8, p. 58-65, 2007.

---

[70] Há um grande número de textos referentes à obra de Mauss disponível na internet; contudo, somente os que apresentam referência completa serão citados nesse momento.

FONTES MULTIMÍDIA

FLACH, José Loinir; SUSIN, Luiz Carlos. O paradigma do dom. *Rev. Trim.*, Porto Alegre, v. 36, n. 151, p. 179-208, 2006.

FOURNIER, Marcel. Marcel Mauss ou a dádiva de si. *Revista Brasileira de Ciências Sociais*, ano 8, n. 28, p. 104-112, 1993.

FOURNIER, Marcel. Para reescrever a biografia de Marcel Mauss... *Revista Brasileira de Ciências Sociais*, v. 18, n. 52, p. 5-13, 2003.

GIUMBELLI, Emerson. Antropólogos e seus sortilégios – uma releitura de "Esboço de uma teoria geral da magia". *Cadernos de Campo*, USP, n. 4, p. 21-39, 1994.

GODELIER, Maurice. *O enigma do dom*. Rio de Janeiro: Civilização Brasileira, 2001.

GOLDBOUT, Jacques. Introdução à dádiva. *Revista Brasileira de Ciências Sociais*, v. 13, n. 38, p. 39-52, 1998.

GOLDBOUT, Jacques; CAILLÉ, Alain. *O espírito da dádiva*. Rio de Janeiro: FGV, 1999.

LANNA, Marcos. Notas sobre Marcel Mauss e *Ensaio sobre a dádiva. Revista de Sociologia e Política*, Curitiba, n. 14, p. 173-194, 2000.

LANNA, Marcos. De bens inalienáveis e "casas" no *Ensaio sobre a dádiva*. In: GROSSI, Miriam; MOTA, Roberto; CAVIGANAC, Julie (Org.). *Antropologia francesa no século XX*. Recife: Fundação Joaquim Nabuco-Massangana, 2006. p. 85-125.

LANNA, Marcos. A estrutura sacrificial do compadrio – uma ontologia da desigualdade? *Ciências Sociais Unisinos*, v. 45, n. 1, p. 5-15, 2009.

LAYTON, Robert. As teorias interacionistas. In: *Introdução à teoria em antropologia*. Lisboa: Edições 70, 2001. p. 133-168.

LEFORT, Claude. A troca e a luta dos homens. In: *As formas da história – ensaios de antropologia política*. 2. ed. São Paulo: Brasiliense, 1990. p. 21-35.

LÉVI-STRAUSS, Claude. Introdução à obra de Marcel Mauss. In: MAUSS, M. *Sociologia e antropologia*. São Paulo: EPU-EDUSP, 1974. p. 1-36.

LÉVY-BRUHL, Henri. *In memoriam*. In: MAUSS, Marcel. *Sociologia e antropologia*. São Paulo: Cosac & Naify, 2003. p. 527-535.

MARTINS, Paulo Henrique (Org.). *A dádiva entre os modernos – discussão sobre os fundamentos e as regras do social*. Petrópolis: Vozes, 2002.

MARTINS, Paulo Henrique. A sociologia de Marcel Mauss – dádiva, simbolismo e associação. *Revista Crítica de Ciências Sociais*, Lisboa, n. 73, p. 45-66, 2005.

MARTINS, Paulo Henrique. De Lévi-Strauss a M.A.U.S.S. – Movimento Antiutilitarista nas Ciências Sociais: itinerários do dom. *Revista Brasileira de Ciências Sociais*, v. 23, n. 66, p. 105-130, 2008.

MENEZES, Renata. Marcel Mauss e a sociologia da religião. In: TEIXEIRA, Faustino (Org.). *Sociologia da religião – enfoques teóricos*. 2. ed. Petrópolis: Vozes, 2007. p. 94-124.

MERLEAU-PONTY, Maurice. De Mauss a Claude Lévi-Strauss. In: *Textos selecionados*. São Paulo: Nova Cultural, 1989. p.141-154.

OLIVEIRA, Roberto Cardoso. Introdução a uma leitura de Mauss. In: OLIVEIRA, Roberto Cardoso. (Org.). *Mauss – Antropologia*. São Paulo: Ática, 1979. p. 7-50.

PEREIRA, José Carlos. A magia nas intermitências da religião – delineamentos sobre a magia em Mauss. *Revista Nures*, PUC-SP, n. 5, jan.-abr. 2007. Não paginado.

PORTUGAL, Silvia. O que faz mover as redes sociais? – uma análise das normas e dos laços. *Revista Crítica de Ciências Sociais*, Lisboa, n. 79, p. 35-56, 2007.

RIGONI, Ana Carolina; PRODÓCIMO, Elaine. Notas sobre os sacrifícios religiosos e a educação corporal. In: XV CONGRESSO BRASILEIRO DE CIÊNCIAS DO ESPORTE/II CONGRESSO INTERNACIONAL DE CIÊNCIAS DO ESPORTE, Centro de Convenções de Pernambuco, 16 a 21 set. 2007.

ROCHA, Gilmar. A etnografia como categoria de pensamento na antropologia moderna. *Cadernos de Campo*, USP, n. 14/15, p. 99-114, 2006a.

ROCHA, Gilmar. Marcel Mauss e o significado do corpo nas religiões brasileiras. *InterAÇÕES – cultura e comunidade*, v. 3, n. 4, p. 133-150, 2008a.

RODRIGUES, Rogério. *O pensamento antropológico de Marcel Mauss – uma leitura das "técnicas corporais"*. Dissertação (Metrado em Educação) – Universidade Estadual de Campinas, Campinas, 1997.

RODRIGUES, Rogério. Sociedade, corpo e interdições – contribuições do estudo de Marcel Mauss sobre *As técnicas do corpo. Conexões*, Campinas, v. 0, n. 4, p. 72-77, 2000.

SABOURIN, Eric. Da dádiva à questão da reciprocidade. *Revista Brasileira de Ciências Sociais*, v. 23, n. 66, p. 131-138, 2008.

SETTON, Maria da Graça. *A socialização como fato social total – um ensaio sobre a teoria do habitus*. Tese (livre-docência) – Faculdade de Educação, Universidade de São Paulo, São Paulo, 2009.

SIGAUD, Lygia. As vicissitudes do "Ensaio sobre o dom". *Mana – Estudos de Antropologia Social*, v. 5, n. 2, p. 89-124, 1999.

SIGAUD, Lygia. Doxa e crença entre os antropólogos. *Novos Estudos Cebrap*, 77, p. 129-152, 2007.

SILVA, Drance. Neopentecostalismo, dinheiro, dádiva e representação social do divino. *InterAÇÕES – Cultura e Comunidade*, v. 3, n. 3, p. 169-188, 2008.

FONTES MULTIMÍDIA

SILVA, Kelly. A cooperação internacional como dádiva – algumas aproximações. *Mana – Estudos de Antropologia Social*, v. 14, n. 1, p. 141-171, 2008.

Sugestão de leitura

CLIFFORD, James. *A experiência etnográfica – antropologia e literatura no século XX*. GONÇALVES, Jose Reginaldo (Org.). Rio de Janeiro: UFRJ, 1998.

O historiador James Clifford analisa o processo de formação da antropologia moderna a partir da experiência etnográfica de vários antropólogos como Bronislaw Malinowski, Marcel Mauss, Maurice Leenhardt, Marcel Griaule e Michel Leiris, na primeira metade do século 20. O autor discute ainda os modos de representação etnográfica e de produção da identidade do antropólogo moderno no contexto colonial e pós-colonial e no contexto cultural do modernismo literário e artístico europeu. Nesse percurso, explora as fronteiras sempre móveis entre história, literatura e antropologia.

GROSSI, Miriam Pillar; MOTA, Roberto; CAVIGNAC, Julie. (Org.). *Antropologia francesa no século XX*. Recife: Fundação Joaquim Nabuco-Massangana, 2006.

Os maiores nomes da antropologia francesa analisados por oito antropólogos da atualidade. O início da pesquisa de campo, com Lenhardt, a dádiva de Mauss, o segredo de Griaule, a África fantasma de Leiris, as diferenças de Lévy-Bruhl e os trópicos de Lévi-Strauss. Além desses temas clássicos dos estudos das ciências humanas no século passado, o livro também traz o perfil de três antropólogas, Germaine Dieterlen, Germaine Tillon e Denise Paulme, e uma entrevista exclusiva com Marcel Fournier.

OLIVEIRA, Roberto Cardoso. *Sobre o pensamento antropológico*. Rio de Janeiro/Brasília: Tempo Brasileiro-CNPq, 1988.

Os trabalhos incluídos neste volume fazem parte de um programa de estudo sobre a formação da Antropologia cultural enquanto disciplina autônoma. Distribuídos em oito capítulos, focalizam alguns dos principais temas e problemas que atravessam o conhecimento antropológico. O objetivo é o de estabelecer as bases científicas de formação da Antropologia social moderna.

FREIRE, Paulo. *Pedagogia do oprimido*. 17. ed. Rio de Janeiro: Paz e Terra, 1987.

Um dos mais importantes ensaios sobre educação mundial. Afinal, o método Paulo Freire é conhecido em vários países e, ainda hoje, continua sendo uma das mais importantes fontes de inspiração e reflexão sobre a educação no processo de promoção humana. A partir da experiência concreta da alfabetização com camponeses e trabalhadores das classes populares, Paulo Freire elabora um referencial teórico-metodológico de grande valor epistemológico.

ROCHA, Gilmar; TOSTA, Sandra de Fátima. *Antropologia & Educação.* Belo Horizonte: Autêntica, 2009.

Este livro pretende contribuir para a ampliação do significado da antropologia como forma de educação. Dividido em quatro capítulos, nos três primeiros apresenta a Antropologia e seu contexto histórico de formação, discute os problemas envolvidos na experiência etnográfica e no trabalho de campo, além de trazer uma análise dos significados da cultura em várias correntes teóricas da Antropologia. Com um olhar que incide sobre o campo da educação, analisa as possibilidades, as dificuldades e algumas tendências vividas no ambiente escolar no Brasil contemporâneo.

Periódicos

ANTHROPOLÓGICAS
Revista do Programa de Pós-Graduação em Antropologia Social da Universidade Federal de Pernambuco

ANUÁRIO ANTROPOLÓGICO
Revista do NUPEC - Núcleo de Pesquisas Etnológicas Comparadas do Departamento de Antropologia da Universidade de Brasília

CADERNOS DE CAMPO
Revista dos Alunos de Pós-Graduação do Departamento de Antropologia da Universidade de São Paulo

HORIZONTES ANTROPOLÓGICOS
Revista do Programa de Pós-Graduação em Antropologia Social da Universidade Federal do Rio Grande do Sul

ILHA
Revista de Antropologia Social do Programa de Pós-Graduação em Antropologia Social da Universidade Federal de Santa Catarina

MANA
Estudos de Antropologia Social do Programa de Pós-Graduação em Antropologia Social (Museu Nacional) da Universidade Federal do Rio de Janeiro

REVISTA DE ANTROPOLOGIA
Revista do Departamento de Antropologia da Universidade de São Paulo

REVISTA BRASILEIRA DE CIÊNCIAS SOCIAIS
Revista da ANPOCS - Associação Nacional de Pós-Graduação e Pesquisa em Ciências Sociais

Sites

ABA – Associação Brasileira de Antropologia
(www.abant@org.br)

ANPOCS – Associação Nacional de Pós-Graduação e Pesquisa em Ciências Sociais
(www.anpocs.org.br)

SBS – Sociedade Brasileira de Sociologia
(www.sbsociologia.com.br)

LA REVUE DU M.A.U.S.S. (Mouvement Anti-Utilitariste dans les Sciences Sociales)
(www.revuedumauss.com.fr)

JORNAL DO M.A.U.S.S. IBEROLATINOAMERICANO
(www.jornaldomauss.ning.com)

UNIVERSIDADE DE QUEBEC (Canadá)[71]
(www.classiques.uqac.ca/classiques/mauss)

Documentários e filmes

A FESTA DE BABETTE *(Babettes gæstebud / Babette's feast)*
Categoria: Drama
Direção: Gabriel Axel
Produção: Dinamarca
Ano: 1987
Duração: 103'
Sinopse: Duas mulheres vivem com o pai, um rigoroso pastor luterano, em um pequeno vilarejo da costa dinamarquesa. Em uma noite de 1871, bate à sua porta uma parisiense pedindo refúgio: Babette (Stéphane Audran), que foge da repressão à Comuna de Paris e se oferece para ser a cozinheira e faxineira da casa. Anos depois, ainda trabalhando para as irmãs Filippa (Bodil Kjer) e Martina (Birgitte Federspiel), Babette recebe um prêmio de loteria que será gasto na produção de um autêntico "banquete" francês oferecido a doze membros da comunidade local. Nesse momento, ela revela sua antiga identidade de chefe no sofisticado Café Anglais, um dos mais tradicionais de Paris. Baseado na história de Isak Dinesen, o filme recebeu o Oscar de Melhor Filme Estrangeiro em 1988.

A GUERRA DO FOGO (*La Guerre du Feu*)
Categoria: Filme
Produção: Franco-canadense

---

[71] Os textos mais importantes de Marcel Mauss estão disponíveis em português; contudo, aqueles ainda não traduzidos podem ser acessados no site da Universidade de Quebec (Canadá).

Direção: Jean-Jacques Annaud
Ano: 1981
Duração: 100'
Elenco: Everett McGill, Rae Dawn Chong, Ron Perlman e Nameer El Kadi.
Sinopse: O filme explora, com base em estudos paleantropológicos, o processo de hominização iniciado cerca de 100 mil anos atrás quando o homem desenvolvia os rudimentos da linguagem. Naquele momento, grupos de hominídeos vagavam pela terra em busca de melhores condições de vida em um meio relativamente adverso. A posse do fogo representou nesse processo uma conquista tão espetacular quanto a conquista do espaço em anos recentes. A importância do filme está em estimular nossa imaginação para inúmeras questões relacionadas à formação da cultura humana como, por exemplo, o domínio da técnica de produzir fogo, o processo de aprendizado da linguagem, a padronização dos sentimentos e das emoções, a construção das primeiras habitações e bens culturais. É no encontro dos grupos hominídeos que a cultura humana se desenvolve.

MAUSS – SEGUNDO SUAS ALUNAS
Categoria: Documentário
Direção: Carmen Rial & Miriam Grossi
Produção: Núcleo de Antropologia Audiovisual e Estudos da Imagem
Programa de Pós-Graduação em Antropologia Social da Universidade Federal de Santa Catarina
Ano: 2002
Duração: 46'
Sinopse: Trata da biografia e das ideias de Marcel Mauss, considerado o fundador da Antropologia francesa, que viveu e escreveu durante a primeira metade do século XX. O documentário foi realizado a partir do depoimento de três de suas diletas alunas, Denise Paulme, Germaine Dieterlen e Germaine Tilion, ouvidas em Paris entre os anos de 1987 e 1989.

O ÚLTIMO SELVAGEM *(The last of his tribe)*
Categoria: Drama
Direção: Harry Cook
Produção: EUA
Ano: 1992
Duração: 90'
Sinopse: Baseado em uma história real, o filme mostra o drama vivido pelo último selvagem Ishi (palavra cujo significado é homem), da tribo Yahi, e o antropólogo norte-americano Alfred Kroeber (1876-1960), interpretado pelo ator John Voigt. O esforço de adaptação do índio

FONTES MULTIMÍDIA

no mundo dos brancos será marcado por inúmeros conflitos que vão se avolumando com o tempo, tais como: civilizado *versus* primitivo, ciência *versus* cultura, razão *versus* fé, entre outros. O "último selvagem" é uma metáfora da doença vivida pela civilização contemporânea.

XINGU
Categoria: Documentário
Direção: Washington Novaes
Produção: Rede Manchete - Brasil
Ano: 1984
Duração:
Sinopse: Penetrar no mundo do "Xingu" exige uma "mudança radical de perspectiva", assim definia o jornalista Washington Novaes o seu projeto sobre os índios Waurá, Kuikuro, Txukarramãe (atual Mentuktire), Kren-Akarore (hoje Paraná). O documentário apresenta aspectos da educação indígena, sua vida cotidiana, seus mitos, ritos e festas como o Kuarup. A "terra mágica" do Xingu revelou um Brasil ainda pouco conhecido dos brasileiros. Em 2006, 22 anos depois, Washington Novaes retorna ao Xingu e produz novo documentário, *Xingu – A terra ameaçada*.

Literatura

ANDRADE, Mário de. *Amar verbo intransitivo*. 16. ed. Belo Horizonte. Villa Rica: 1995.

Ambientado na São Paulo dos anos 1920, o romance narra a história da "educação sexual" de um adolescente por sua governanta alemã. O pai, um rico empresário, contrata Fräulein Elza para ensinar alemão aos quatro filhos. Mas o adolescente Carlos acaba se envolvendo sexual e sentimentalmente com a governanta. Publicado originalmente em 1927, posteriormente, o romance seria adaptado para o cinema em 1975, com o título de *Lição de amor*, sob a direção de Eduardo Escorel.

DUMAS, Alexandre. *Os três mosqueteiros*. Tradução de Rodrigo Lacerda e André Telles. Rio de Janeiro: Jorge Zahar, 2010.

Romance histórico publicado em folhetins em 1844, narra a saga dos quatro mosqueteiros Athos, Porthos, Aramis e D'Artagnan no século XVII, durante o reinado de Luis XIII. A França vivia uma guerra fratricida entre católicos e huguenotes. Aos "três inseparáveis" amigos, juntar-se-ia o destemido D'Artagnan, na proteção da rainha Ana da Áustria. O lema "um por todos e todos por um" dá bem o tom do vínculo de amizade e o compromisso de proteção que criam entre si. Existem várias adaptações para o cinema.

GOMES, Dias. *O pagador de promessas*. 30. ed. Rio de Janeiro: Bertrand do Brasil, 1987.

Drama no qual se narra a história de Zé do Burro, caboclo simples que faz promessa de dividir suas terras com os menos favorecidos e de carregar uma cruz até a Igreja de Santa Bárbara. Motivo: salvar a vida de "Nicolau", animal de estimação ferido durante uma tempestade. A promessa feita a Iansã, equivalente de Santa Bárbara, denota o universo do sincretismo, da devoção popular, do sacrifício, enfim, da dádiva. No cinema, venceu o Festival de Cannes em 1962.

LEIRIS, Michel. *A África fantasma*. Tradução de André Pinto Pacheco. São Paulo: Cosac & Naify, 2007.

Extraordinário "diário-literatura-etnografia" no qual se registra o cotidiano da missão etnográfica de Dakar-Djibouti (1931-1933), na África. O autor faz uma leitura crítica do dia a dia do grupo de pesquisadores da expedição que pode ser vista como espécie de "mito" de fundação da moderna Antropologia francesa. O objetivo da viagem era registrar línguas, costumes, músicas, rituais e coletar elementos da cultura material para integrar a coleção de arte africana do Museu do Homem – hoje exposta no Quai Brainly, Museu do Louvre, em Paris.

MUSIL, Robert. *O homem sem qualidades*. Tradução de Lya Luft e Carlos Abbenseth. Rio de Janeiro: Nova Fronteira, 1989.

O romance começou a ser escrito a partir dos anos 1920 e só foi concluído 15 anos depois. Às vésperas da Segunda Guerra, Ulrich viaja por vários países do exterior convivendo com diversas personagens. Espécie de romance-ensaio, o livro mostra o processo de constituição da sociedade urbana e do individualismo moderno. O livro foi proibido durante o período hitlerista do III Reich.

SHELLEY, Mary. *Frankenstein ou o moderno Prometeu*. Tradução de Miécio Araujo Jorge Honkins. Porto Alegre: L&PM, 1997.

O romance relata a história de Victor Frankenstein, estudante de ciências naturais cujos experimentos o levam à recriação da vida em laboratório. Mas sua criação será renegada, pois vista como um monstro pelo criador. Após esse nascimento trágico, o monstro vinga-se matando as pessoas do círculo de convivência do médico e nos reserva um final surpreendente. Publicada em 1818, somente a edição de 1831 será considerada a definitiva. Existem várias adaptações do romance para o cinema.

Referências

AUSTIN, J. *Quando dizer é fazer – palavras e ação*. Porto Alegre: Artes Médicas, 1990.

BAKHTIN, Mikhail. *A cultura popular na idade média – o contexto de François Rabelais*. Brasília: UnB; São Paulo: Hucitec, 1987.

BITTER, Daniel. *A bandeira e a máscara – a circulação de objetos rituais nas folias de reis*. Rio de Janeiro: 7 Letras, 2010.

BOAS, Franz. *A formação da antropologia americana: 1883-1911 – antologia*. STOCKING JR., George (Ed.). Rio de Janeiro: Contraponto-UFRJ, 2004.

BRANDÃO, Carlos Rodrigues. *A educação como cultura*. São Paulo: Mercado de Letras, 2002.

BRESCIANI, Maria Stella. *Londres e Paris no século XIX – espetáculo da pobreza*. São Paulo: Brasiliense, 2004.

BRUMANA, Fernando. Entre Tintín y Tartarín – la misión Dacar-Yibutí em el origen de la etnografia francesa. *Revista de Antropologia*, v. 45, n. 2, p. 311-359, 2002.

CARVALHO, José Murilo. *A formação das almas – o imaginário da república no Brasil*. São Paulo: Companhia das Letras, 1995.

CLASTRES, Pierre. *A sociedade contra o estado*. 5. ed. Rio de Janeiro: Francisco Alves, 1990.

CLASTRES, Pierre. *Arqueologia da violência – pesquisas de antropologia política*. São Paulo: Cosac & Naify, 2004.

COMTE, Auguste. Catecismo positivista. In: GIANNOTTI, J. A. (Org.). *Comte*. São Paulo: Abril Cultural, 1978. p. 117-318.

DIAS, Nélia. Looking at Objects: Memory, Knowledge in Nineteenth-Century Displays. In: ROBERTSON, G. (Ed.). *Traveller's Tales – Narrative of Home and Displacement*. London and New York: Routledge, 1994. p. 165-176.

DOSSE, François. *A história em migalhas – dos Annales à Nova História*. Campinas: Unicamp, 1992.

DOUGLAS, Mary. *Símbolos naturales – exploraciones en cosmologias*. Madrid: Alianza Editorial, 1988.

DUMONT, Louis. *Homo hierarchicus – o sistema das castas e suas implicações*. São Paulo: EDUSP, 1992.

DURKHEIM, Émile. *Educação e sociologia*. 8. ed. São Paulo: Melhoramentos, 1972.

DURKHEIM, Émile. *As regras do método sociológico*. São Paulo: Nacional, 1987.

DURKHEIM, Émile. *A educação moral*. Petrópolis: Vozes, 2008.

ELIAS, Norbert. *Mozart – sociologia de um gênio*. Rio de Janeiro: Jorge Zahar, 1995.

FERNANDES, Florestan. *Folclore e mudança social na cidade de São Paulo*. 3. ed. São Paulo: Martins Fontes, 2004.

FIRTH, Raymond. *Tipos humanos*. São Paulo: Mestre Jou, 1978.

FRAZER, James. *O ramo de ouro*. Rio de Janeiro: Guanabara, 1982.

GEERTZ, Clifford. *A interpretação das culturas*. Rio de Janeiro: LTC, 1989.

GEERTZ, Clifford. *El antropólogo como autor*. Barcelona: Paidós, 1997.

GIRARD, René. *A violência e o sagrado*. São Paulo: Unesp, 1990.

GOLDMAN, Márcio. *Como funciona a democracia – uma teoria etnográfica da política*. Rio de Janeiro: 7 Letras, 2006.

GONÇALVES, José Reginaldo. *Antropologia dos objetos – coleções, museus e patrimônios*. Rio de Janeiro: Garamond, 2007.

HAROCHE, Claudine. *Da palavra ao gesto*. Campinas: Papirus, 1998.

HORTA, Maria de Lourdes; GRUNBERG, Evelina; MONTEIRO, Ariadne Queiróz. *Guia básico de educação patrimonial*. Brasília: IPHAN/Museu Imperial, 1999.

IANNI, Octávio. A sociologia e o mundo moderno. *Tempo Social*, USP, v. 1, n. 1, p. 7-27, 1989.

LAGROU, Els. A arte do outro no surrealismo e hoje. *Horizontes Antropológicos*, Porto Alegre, ano 14, n. 29, p. 217-230, 2008.

LANGDON, Ester. A fixação da narrativa – do mito para a poética de literatura oral. *Horizontes Antropológicos*, Porto Alegre, ano 5, n. 12, p. 13-36, 1999.

LATOUR, Bruno. *Jamais fomos modernos – ensaio de antropologia simétrica*. Rio de Janeiro: Ed. 34, 1994.

REFERÊNCIAS

LE GOFF, Jacques. As mentalidades – uma história ambígua. In: LE GOFF, Jacques; NORA, Pierre (Org.). *História – novos objetos*. Rio de Janeiro: Francisco Alves, 1988. p. 68-83.

LÉVI-STRAUSS, Claude. *Antropologia estrutural*. Rio de Janeiro: Tempo Brasileiro, 1967.

LÉVI-STRAUSS, Claude. Guerra e comércio entre os índios da América do Sul. In: SCHADEN, Egon (Org.). *Leituras de etnologia brasileira*. São Paulo: Nacional, 1976. p. 325-339.

LÉVI-STRAUSS, Claude. *O pensamento selvagem*. Campinas: Papirus, 1989.

LÉVI-STRAUSS, Claude. *O cru e o cozido*. São Paulo: Cosac & Naify, 2004.

LIMA FILHO, Manuel; ECKERT, Cornélia; BELTRÃO, Jane (Org.). *Antropologia e patrimônio cultural – diálogos e desafios contemporâneos*. Blumenau: Nova Letra, 2007.

LOPES, Antônio Herculano. *Performance e história* (ou como a onça, de um salto, foi ao Rio do princípio do século e ainda voltou para contar a história). Fundação Casa de Rui Barbosa, [s.d.].

MALINOWSKI, Bronislaw. *Argonautas do Pacífico Ocidental – um relato do empreendimento e da aventura dos nativos nos arquipélagos da Nova Guiné – Melanésia*. 2. ed. São Pauloo: Abril Cultural, 1978.

MALINOWSKI, Bronislaw. O problema do significado em linguagens primitivas. In: OGDENS, C. K.; RICHARDS, I. A. *O significado do significado – um estudo da influência da linguagem sobre o pensamento e sobre a ciência do simbolismo*. Rio de Janeiro: Zahar, 1976. p. 295-330.

MARTINS, Evandro. A etimologia de alguns vocábulos referentes à educação. *Olhares & Trilhas*, Uberlândia, ano VI, n. 6, p. 31-36, 2005.

MARX, Karl. *Manuscritos econômico-filosóficos e outros textos escolhidos*. In: GIANNOTTI, Jose Arthur (Org.). 2. ed. São Paulo: Abril Cultural, 1978.

MEAD, Margaret. *Adolescencia y cultura en Samoa*. 2. ed. Buenos Aires: Paidós, 1961.

MEAD, Margaret. *Educación y cultura*. Buenos Aires: Paidós, 1972.

OLIVEIRA, Roberto Cardoso. *Razão e afetividade – o pensamento de Lucién Lévy-Bruhl*. 2. ed. Brasília: UnB, 2002.

PEREIRA, José Carlos. *Devoções marginais – interfaces do imaginário religioso*. Porto Alegre: Zouk, 2005.

ORTNER, Sherry. Uma atualização da teoria da prática; Poder e projetos – reflexões sobre a agência. In: GROSSI, Mirian; ECKERT, Cornélia; FRY, Peter (Org.). *Conferências e diálogos – saberes e práticas antropológicas*. Blumenau: Nova Letra, 2007. p. 19-80.

REINHARDT, Bruno. A dádiva – epistemologia e reciprocidade no circuito do "dado" antropológico. *Campos*, v. 7, n. 1, p. 135-157, 2006.

RICOEUR, Paul. *O conflito das interpretações*. Lisboa: Rés, 1988.

RIVIERE, Claude. *Os ritos profanos*. Petrópolis: Vozes, 1995.

ROCHA, Gilmar. A fala ensimesmada – para uma sociologia afetiva da escola. In: MEDEIROS, Regina (Org.). *A escola no singular e no plural – um estudo sobre violência e drogas nas escolas*. Belo Horizonte: Autêntica, 2006b. p. 119-164.

ROCHA, Gilmar. "O maior espetáculo da terra!" – circos, monstros, fronteiras e "self" na sociedade moderna. *Transit Circle*, v. 6, p. 10-31, 2007.

ROCHA, Gilmar. "Complexo de Emílio" – da violência na escola à síndrome do medo contemporâneo. In: GONÇALVES, Luis; TOSTA, Sandra (Org.). *A síndrome do medo contemporâneo e a violência na escola*. Belo Horizonte: Autêntica, 2008b. p. 191-219.

ROCHA, Gilmar. A consciência eco-cosmológica na perspectiva ameríndia e no imaginário afro-brasileiro. In: OLIVEIRA, Pedro; SOUZA, José Carlos (Org.). *Consciência planetária e religião*. São Paulo: Paulinas, 2009b. p. 59-76.

ROCHA, Gilmar. O "circo-escola" e a reinvenção da educação. Inédito, 2011.

SAHLINS, Marshall. *Cultura e razão prática*. Rio de Janeiro: Jorge Zahar, 2003.

SILVA, Aracy; MACEDO, Ana Vera; NUNES, Angela (Org.). *Crianças indígenas – ensaios antropológicos*. São Paulo: Global, 2002.

TEIXEIRA, Faustino (Org.). *Sociologia da religião – enfoques teóricos*. 2. ed. Petrópolis: Vozes, 2007.

TURNER, Victor. *The Anthropology of Performance*. New York: PAJ Publications, 1988.

TURNER, Victor. *Floresta de símbolos – aspectos do ritual Ndembu*. Niterói: EdUFF, 2005.

TURNER, Victor. *Dramas, campos e metáforas – ação simbólica na sociedade humana*. Niterói: EDUFF, 2008.

TURNER, Victor. *O processo virtual – estrutura e anti-estrutura*. Petrópolis: Vozes, 1974.

Sobre o autor

Natural do Estado do Rio de Janeiro. Graduado em História pela Universidade Federal de Juiz de Fora (MG), com mestrado em Sociologia da Cultura pela Universidade Federal de Minas Gerais e doutorado em Antropologia Cultural pelo Instituto de Filosofia e Ciências Sociais da Universidade Federal do Rio de Janeiro. Atua nas linhas de pesquisa em teoria antropológica, simbolismo corporal, pensamento social brasileiro, cultura popular, educação, patrimônio, identidade e performance. Nos últimos anos realizou pesquisas sobre a malandragem e o circo no Brasil. Participa do Grupo de Pesquisa Educação e Cultura do Programa de Pós-Graduação em Educação da PUC Minas. Atualmente é professor do Curso de Produção Cultural no Polo Universitário Rio das Ostras da Universidade Federal Fluminense (UFF/PURO/RJ). Além de artigos e capítulos de livros, publicou *O rei da Lapa – Madame Satã e a malandragem carioca* (7 Letras, 2004); e, em coautoria com Sandra Pereira Tosta, *Antropologia & educação* (Autêntica, 2009).

ESTE LIVRO FOI COMPOSTO COM TIPOGRAFIA ITC GARAMOND E IMPRESSO
EM PAPEL OFF SET 75 G NA FORMATO ARTES GRÁFICAS.